社工實務的諮商技巧

作者：Janet Seden
譯者：戴靖惠

弘智文化事業有限公司

Janet Seden

COUNSELLING SKILLS IN SOCIAL WORK PRACTICE

Chinese edition copyright © 2002
By Hurng-Chih Book Co., Ltd..
For sales in Worldwide.

ISBN 957-0453-62-1
Printed in Taiwan, Republic of China

序　言

　　本書是 Open University 出版，關於諮商與相關實務工作的系列叢書之一，主題針對社會工作實務。本書在架構上，以英國社會工作認證條例的修訂版（CCETSW 1995）對合格社工人員之能力的六項認定標準爲依歸，這些能力涵蓋有關社會工作的關鍵性主題、理論與方法，它們在過去與現在的社會工作研究文獻中都可一窺究竟。因此，儘管在意識型態、法規、政策、或社會對於社工人員的期望很可能有所轉變，本書所披露的知識、技巧、與價值觀仍然是社工活動堅實的基礎。

　　書中揭到的理論與方法，來自作者的經驗、研究、教學素材，並且參酌衛生當局最近完成的「兒童與家庭之需求導向評鑑的發展架構」。在此感謝衛生當局同意援引其著作，同時，也在此向曾經爲本書提供寶貴意見的專家朋友們表達由衷的謝意。

　　本書主要探討諮商技巧在社會工作上的運用。我（指作者）教授社會工作與諮商的基本與進階技巧多年，主要內容是社會工作（而非諮商工作）人員必備的一般性技巧。主修社會工作的學生們受到的激勵是，將這些技巧融入每日的實務經驗中。他們給我的回饋是，他們對於訪談技巧的介紹有一致性的正面反應，對於生動、督導式的溝通技巧練習也總

是給予高度的評價。因此，本書試著透過工作人員的實例來介紹各種巧，並在社會工作的方法、理論與價值觀，以及諮商技巧之間取得平衡。學界的看法是，諮商技巧是銜接社會工作之各種理論、方法與架構的工具。

在社工人員的日常工作中，知識、價值觀與技巧的結合，是促使服務工作能夠有效的保證。然而，我也相信，獨一無二的案主應該永遠被放在工作的中心位置上。工作人員對於案主的生活會有哪些貢獻應該清楚地溝通，並且盡可能以人性化且合法的方式，在支持性的夥伴關係與案主意識的同意下進行。諮商技巧有助於順暢地進行上述的介入歷程。如果個體不是被貼上病態化的標籤，而是受到尊重，並且充分地對於各種結構性障礙表達同理心，那麼「關係」將仍是專業性互動的基礎。社工任務的架構雖然會有所改變，但必須總是注意工作的程序是否良好，這是因爲社會工作會介入別人的生活，所以要小心避免歧視或無心的傷害。

我在本書中用不同的名詞來指稱社工人員所接觸的人們，包括案主（clients）、服務使用者（service users）、服務接收者（recipients of services）、及顧客。雖然「案主」可能還是一個最精確的說法，但是我之所以這麼做，是因爲這涉及專業性爭議的問題。近年來，社會工作領域大多採用「服務使用者」一詞，而諮商工作則偏好「案主」。除了「案主」一詞，似乎沒有其他用語可以精確到足以囊括人們和社工人員交涉的全部內涵。同樣地，本書交替地使用社工人員（social worker)、工作人員（practitioner）來指稱行動中的專業人員。

　　近年來，媒體與社會的道德恐慌一直主導著社會工作；感覺上，社會工作若不是「做得太少」，以致於無法防止悲劇的發生，就是「做得太多」而有違人權。沒有哪一種專業可以無所不知，因此，社工人員或其主管可能、也的確會有錯誤的判斷。然而，我想強調的焦點是：社工人員們在日復一日的全國性工作中，如何以關懷、幹練、有效的方式來執行他們的工作—這是社會工作鮮為人知的一面。很多介入工作並不具戲劇性，也不引人注目，更不足以成為報紙頭條，但是卻具有重要性，對接收者也有很大的意義。離開家裡住進療養院或醫院、和父母親發生衝突問題、失去自己的孩子、自由、收入或公民權，這些都是社工人員所涉入的重大問題。我希望這些實際的案例可以突顯各種組織中的社工人員如何以有效與關懷的方式面對兒童、家庭與成人，並致力達成他們身附的任務。

　　在尋求「新知」時，往往必須先評鑑我們已知的事物，進而在既有的基礎上發展進階的技巧。人群服務組織已經深耕各種諮商與諮商技巧，作為促進溝通的方法。想要使這些技巧發揮效果，除了練習的歷程中應該受到督導以外，也要持續不斷地接受訓練。社會工作涉及人與人之間細緻而立即的交流，在歷程中諮商技巧是達到良好溝通不可或缺的工具。面對那些受到邊緣化、弱勢的族群，社會工作人員必須以耐心和關懷進行溝通並採取行動。

本書的實案案例正如上述。它們並不是個案研究（case study），而是以真實的情境為基礎，為了出版而加以改寫。舉出這些例子的目的，是為了說明我們所提及的諮商技巧之實用性。當我在編輯這些素材時，我體會到它們就是典型的社會工作，既運用諮商技巧來促進介入工作，也在歷程中提供了短期的支援性諮商。我並未試著涵括社會工作的所有面向，但是我希望能夠充分地說明，在法律與組織所許可的範圍內，諮商技巧和標準的社會工作實務之間的關係是多麼密切。這些案例中的社工人員都經過社工資格認可，其中有些是新手，有些則經驗豐富。這些工作涉及之場域包括涉及兒童與家庭、社區照護、成人、刑事判決與志工部門等。每個案例的進行都受到情境脈絡的影響，但是處置歷程的選擇，則使良好的實務與基本的官方做法有所區別。

有些忙碌的工作人員會說自己沒有時間傾聽人們的需求；他們也許會說，社會工作的任務只是行政性與功能性的任務。我則抱持著另一種看法，這也是我撰寫本書的原因。我認為，良好的組織與行政管理技巧對於社會工作實務也很重要，同時應該符合法律上的要求，除此之外：

- 忙碌的人必須要更嫻熟基本的諮商技巧，以便在有限的時間內達到精確的溝通；
- 案主有權利清楚地說明自己的需求並受到傾聽；傾聽者則應給予尊重、理解，並具備文化上的敏感度；

■ 提供的服務必須為接收者所同意，而且也是他們認為重要的；

■ 過於倉卒而強加在別人身上的工作計畫容易失敗；長期來說，這種方式既昂貴又沒效果；與其如此，不如在訪談與評鑑的初期，就多花點時間仔細傾聽、查核、並給予回應；

■ 社會工作是和需要服務的案主所進行的是一種人際交流；是否能夠創造出有效的結果，和負責回應的人有高度的關聯性；

■ 案主及其優點、觀點與動機，應該在符合法律與道德的情況下，盡可能置放在所有社會工作活動的核心。

在此要向很多讓我自由運用其著作的人致上我的謝意（按姓氏字母順序排列）：Kimberley Absalom、Pauline Anstead、Juliet Bewley、Julie Brooks、Lorraine Chapman、Toni Fox、Sandra Holyoake、Elizabeth Lawrence、Liz McKenzie、Sarah Morris、David Neville、Saral Orgill、Moira Phillips、Arlene Price、PamelaShenton、Chris Shotton、Andy Smith、Martin Shaw、Richard Taylor、Martyn Vail、Claire Wilkinson。本書的案例都歸功於他們，而缺失之處則是我的疏漏。其他需要感謝的人也會在本書的正文中提及。

同時，對於還有許多提供協助、但無法將其姓名納入本書的人—第一章問卷的受訪者，我也要說聲謝謝。此外，我也要感謝本系列叢書的編輯 Michael Jacobs 給予我無價的耐

心與協助、Jane Aldgate 教授的鼓勵，以及來自於萊斯特大學
社工學院同事、專家與學生的支持。

Janet Seden
Leicester 1999

目　錄

■ ■ ■ ■ ■ ■ 第一章 ■

社工實務的相關技巧

　　六十七歲的安德魯太太試著為住在數哩外的叔叔——八
十七歲的耶蘭德先生，尋求一些協助。耶蘭德先生的身體已
經虛弱到無法照護自己，因此需要有人為他料理穿衣、購物、
洗滌或烹食等工作。醫師建議透過社會服務機構為他尋求家
庭看護。安德魯太太非常擔心耶蘭德先生，但是她必須照護
生病的丈夫（七十一歲），所以無法探視曾經視她如己出的耶
蘭德先生。她從當地的諮詢中心打聽到成人服務工作小組的
電話之後，就焦急不安地撥了這個號碼，雖然接聽人員很有
禮貌，也很有效率，但是他連續很快地問了幾個問題，安德
魯太太得到的訊息是：他們將去電確認耶蘭德先生是否希望
有人前去探視他。

　　掛了電話之後，安德魯太太開始擔心自己這樣做到底對
或錯。她終於傳達了這項訊息，但是現在卻很煩惱。她未說
出自己是如何憂心忡忡、也沒有說清楚她叔叔現在的處境是
多麼艱難，特別是過去他一向非常健康與獨立，現在卻連一
件小事都做不好；她來不及說明叔叔現在是那麼健忘。安德
魯太太也擔心或許叔叔會很介意自己現在的無能，所以可能

拒絕別人的探視。她猜想著耶蘭德先生對於陌生人的造訪會有什麼感受，甚至開始臆測社工人員提出的問題有沒有其他的意思。她一夜無眠、反覆思索自己的這項行動。

　　另一方面，住在另一城市的達麗施太太（六十七歲），也試圖為住在數哩外的年邁親戚恩尼斯先生（八十五歲）尋求一些協助。恩尼斯先生因為年紀太大而無力照護自己，也需要有人為他料理生活起居。達麗施太太很擔心恩尼斯先生的狀況，但是她七十一歲的丈夫也臥病在床，所以她沒辦法探視恩尼斯先生，但是恩尼斯先生除了達麗施太太以外，沒有任何親戚住在附近。於是達麗施太太詢問當地的諮詢中心，該中心提供了成人服務工作小組的電話號碼，達麗施太太很緊張地撥了電話，接聽人員很有禮貌，也很有效率，除了問一些基本資料之外，還問達麗施太太覺得她叔叔對於這件事情會有什麼看法。達麗施太太說出自己的擔憂之後，好像鬆了一口氣。

　　社工人員藉由指出恩尼斯先生或許很難接受這個可能的改變，幫助了達麗施太太。同時，她也覺得社工人員真的了解她真的很擔心叔叔的健忘與不能照護自己。該名社工除了詢問達麗施太太所擔憂的事情以外，並且複誦了一次自己記下來的事項，以便讓達麗施太太確認是否正確。此外，他也問到什麼時間打電話給恩尼斯先生比較好、他是否知道可能會有社福單位的人會打電話給他、他方不方便使用電話等。社工人員仔細核認的態度令人覺得很安心，達麗施太太知道

自己已經轉達了這個訊息，也知道他們會打電話給恩尼斯先生，確認他是否接受社福人員的造訪，同時，社工人員也承諾將會把結果知會達麗施太太。掛了電話之後，達麗施太太覺得自己做對了事情，接著就打電話給恩尼斯叔叔，告訴他這件事情。

在過去，社工人員被認為在工作中理所當然需要進行諮商與社會福利工作（casework）（Perlman 1957; Biestek 1961; Hollis 1964; Mayer and Timms 1970; Roberts and Nee 1970）。如今隨著準市場（quasi-market）、政府官員、社工人員、資源和結果的焦點逐漸轉移，導致有人認為這些技巧已經不再需要。地方政府當局雇用的社工人員踏入職場時，可能覺得自己只要聚焦於諮商員所給予案主的協助，但是他們會發現，自己面對的工作比期望中更官僚、更具支配性，而且必須符合社福當局所訂定的法規命令。同時，他們必須處理、委託各式各樣的專業服務，其中有許多涉及志工或民間的部門，包括有些以傳統的社會福利工作為基礎而提供諮商的機構。有些社工仍然和案主建立治療關係，並提供直接的諮商服務（Barnes 1990）。

然而，諮商與社工之間的關係一直比這種簡單的功能劃分要來得複雜且具互動性。六○年代到七○年代初期所訓練出來的社工，都以社會福利工作原則為基礎，而社會福利工作大部份又以心理動力論為理論基礎。後來的社工訓練朝向不同的方向發展，包括行為與理論生態理論以及由此衍生的

各種實務方法。經由激進的馬克思取向和價值觀的重新審視，儘管當時資源緊縮，論者仍指出過去的社工想法缺乏社會公平與正義，而且具有社會排擠性（social exclusion）。

到了九〇年代中期，賦權（empowerment）的意識型態與功能主義漸有取代社會福利工作之勢。治療關係的理念顯然成爲立法的優先事項。有些社工人員甚至認爲諮商對於社會工作的實務不再重要，過於專注在個人的困境只會導致對個體貼上病態標籤。他們特別關注於社會工作所使用的技巧，是否符合中央社工人員教育訓練委員會（Central Council for Education and Training in Social Work; CCETSW）對新進合格社工人員之規定。該委員會在 1991 年訂定一套取得社工證書的標準（即原來之 CQSW），並且在 1995 年進行修訂。

然而，諮商和社會工作一樣，也在七〇到八〇年代之間有了新的發展。以精神分析起家的諮商朝向更多元、更廣泛的方向成長。雖然心理動力論仍然是諮商領域中最主要的理論取向，但已有更多的取向一一出現，例如個人中心（person-centred）、行爲科學、認知科學、及完形理論（Gestalt）等。此外，對於諮商工作及其與女性、黑人、同性戀者、雙性戀者、年輕人、老年人、身心障礙者之關係，也有新的評價。隨著社會態度和價值觀的改變，諮商訓練和社工訓練一樣，也開始重新審視意識型態及實務的問題。父權統治、帶有歧視的意識型態與價值觀紛紛受到挑戰，而各種取向也受到重新評鑑。因此，這兩個工作場域中的許多理論知識、技

巧或方法仍然可以互相截長補短而更形豐富。

　　同時，這兩種工作之間並沒有清楚的界線。一方面，社工人員對案主的直接接觸都被貼上諮商的標籤，另一方面，有些社工人員認為諮商工作就是為案主介紹轉診單位或委託服務等。這兩種極端的看法都無法恰當地劃分兩者之間的疆界。事實是，社工人員在某些情況下必須扮演諮商員的角色，而諮商技巧則可以運用在各種不同的社會工作中。社工人員在與案主的關係中可能扮演多種角色，因此，我們必須辨識、闡明、界定社會工作中的諮商成分，才能釐清兩者間的界線（ Hill and Meadow 1990 ）。

　　Judith Brearley （1991）從技巧、知識、與價值觀等方面探討社會工作與諮商之間在過去與現在彼此交織、影響與互動的情況，並討論這兩門學科如何發展出不同的認同與訓練取向。她在評鑑社會工作所使用的諮商技巧時寫道：

　　　巴克萊報告（Barclay report）指出，諮商是社工人員
　　　最主要的兩項活動之一，另一個活動則是社會照護的
　　　規劃。該報告並指出這兩種活動之間的連動性質。社
　　　工人員所面臨的獨特挑戰是：在面對案主時，如何在
　　　訪談中提供諮商服務，並使諮商和整體工作的其他取
　　　向取得適當的整合。　　　　　　　（Brearley 1991: 30）

　　她接著說：

以符合邏輯的分類法來說，社會工作中的諮商面向應該是：

● 　諮商技巧是整體社會工作的基礎；

● 　諮商是社會工作的重要元素，並與其他取向結合以執行社會工作；

● 　諮商是工作說明書中主要而明確的一部分。

本書檢視諮商技巧與社工實務之間的關係——也即 Brearley 提到的前兩點。我本身是社工人員與社工講師，同時也是諮商員和諮商訓練者，由於這樣的背景，我對於社工人員與諮商員在實務工作上的異同一直有深刻的體驗。

我發現，社工人員並不了解那些使用在社會工作中的諮商技巧，以及提提供案主的重要專業諮商取向；同時，如果沒有體認到社會工作是複雜而困難的人際互動，需要諮商及其他人際技巧的輔助，諮商員可能因批評社工人員使用諮商技巧的正當性，並質疑社工中的諮商是否有違官僚體系所分派的任務。當一名實務工作人員游走在這兩種專業領域之間，可以很清楚的發現兩者重疊的部分，包括實務技巧、共享的價值觀與知識，同時也會了解職業規範與道德分別賦予哪些內容給這兩種救助性質的工作。

本書擬在當前的法律與意識型態架構中，探討有助於進行社會工作之技巧。雖然傾聽、回應、敘述等技巧，看起來都再自然不過，但是一旦要加以運用，就會涉及個人或組織

的價值觀與知識，並且對結果產生影響。因此，類似的技巧如何以不同的方式運用、產生哪些不同的影響，通常取決於工作人員和案主之間的共識。此外，工作時的背景脈絡也會造成重要的影響。

　　社會工作中的諮商角色定位不明，或許是心理動力論的社會福利工作和社會工作專業興起後的共生結果。後者在發展的早期，試圖尋找一個可以和其他專業領域活動有所區隔的認同，這種情況在廿世紀早期相當明顯，當時美國的社會福利文獻掌控了社會工作，直到七〇年代，社會福利工作的操控權及其效果分別受到質疑，到了八〇年代，馬克思主義、行為主義激進派等其他取向對社會福利工作提出挑戰。尤有甚者，部分比較政治化的取向更迫使社會工作分別在意識型態與方法論上重新定義；另一方面，精神分析取向把重點放在個體的內在心靈，並未指出外在不公平的社會加諸於個體的現實與壓迫，似有將個體病態化、甚至加以責難的意味，使社會工作開始檢討這種取向的適當性。

　　九〇年代以降，社會工作的特色不再以其特殊方法來識別，而是基於法律授權範圍內的價值予以區別。因此，社會工作中的諮商角色定位，必須和當前的價值基礎串聯，並且配合修訂版的社會工作證書（1995）在審查社工受訓者時所持之核心工作能力，綜合兩者之考量，方可定義當前之社會工作活動。

　　在界定社會工作的範圍時，一定要強調法律授權的重要

性。社會工作對於國民及其他人施予照護與控制的方法，受
到法律價值與觀點的影響。立法與相關政治意識型態的發展，
形塑了九〇年代的政策與實務。其中三項重要的立法（1989
年兒童法案、1990 年全國健康服務與社區照護法案、1991 年
刑事判決法案）主導了社會工作之角色與功能的思想，它們
所建立的資格典範是適任社會工作與否的評鑑依據。市場管
理的概念使實務架構的界定產生嶄新與重大的變化。（Taylor-
Gooby and Lawson 1993）。這三種因素環環相扣，使理論、
方法及模式的討論空間更加寬闊，有關社會工作實務技巧之
出版品紛紛湧現，興起一波重新省思各種方法之適用性的潮
流（Doel and Marsh 1992; Thompson 1995; Trowell and Bower
1996）。

　　社會工作經常使用「諮商」一詞，但是卻未澄清它的定
義。就這一點來說，社會工作的諮商的確蒙受不白之冤。許
多有關社會工作的文獻都提出這個問題，例如巴克萊報告將
諮商視為社會工作的功能之一，但是卻未再做進一步的定義。
或許我們可以臆測，社會工作中的諮商指的是在社會福利工
作中對個體的支持與傾聽；但是任何受過一點現代諮商訓練
的人都知道，這樣的定義未免過於簡化。諮商，正如社會工
作一樣，並非僅是一種工作方式，它涵括了數個重要的思想
與實務之學派，並且有不同的理論基礎。我們必須強調，諮
商工作有多元化的取向，這一點從文獻中可一窺究竟（Mearns
and Thorne 1988; Corey 1997; Egan 1990; Jacobs 1985, 1996;

Davies and Neal 1996; Lago and Thompson 1996; Heron 1997）。

　　如果有這麼多可能的取向，通稱的「諮商」一詞非常容易造成誤導。接受服務者應該知道對方提供什麼服務，以及服務的前提為何—特別是道德與價值觀方面的基礎為何。如果社工人員為案主提供諮商服務，他們至少應知道幾種不同治療學派的運作方法。如果社工人員不具備這方面的知識，就無法讓案主知道他們有哪幾種可能的治療方式可供選擇、哪一種方式最有幫助。在某些情況下，案主或許會決定進入某種複雜且不大合適的療程，在這之前，社工人員也需要謹慎地給予案主忠告。

　　人們會理所當然地認為諮商是社會工作內容的一部分，不過，最近一份職前準備調查報告（Marsh and Triseliotis 1996）指出，受訪者希望能夠再接受更多的社工技巧訓練。百分之五十一的人認為，在整個受訓歷程中，涉及社工技巧的部分很有限。他們所謂的社工技巧，指的是工作中所運用的技術及採取的行動，包括溝通技巧。雖然這些訓練「看起來似乎很廣泛地講授了諮商取向和人際技巧」（Marsh and Triseliotis 1996b: 52），但是學生顯然還是一頭霧水，搞不清楚這些東西和實際的社會服務有什麼關聯。該調查也發現，受訪者把理論和實務工作分離，他們認為老師並未將兩者加以結合：「很多受訪者認為，理論在實際狀況中的運用很糟糕，而且是整個課程中最弱的一環。」（Marsh and Triseliotis 1996b:

60）。

根據 Marsh 和 Triseliotis 的說明，這些諮商課程主要是依據 Rogers 的觀點或 Egan 的目標導向之心理動力模式：

> 諮商本身有非常多樣化的定義，端視從何種觀點定義其實務。從連續譜（continuum，如果連續譜真的存在）一端的完全非督導性（total non-directiveness）到另一端的督導性（directiveness）、甚至挑戰，都可能成為諮商取向。事實上，沒有某種形式的諮商存在，社會工作很難產生任何活動或互動，除非這個詞彙指稱的只是某種深奧難解的治療取向。
>
> （Marsh and Triseliotis 1996b: 54）

該研究提供了許多證據，指出社工訓練並未區分諮商技巧在社會工作實務、專業諮商取向及心理社會化的社會福利工作之差異，而且該研究中的受訪者甚至從未接受任何心理社會化之社會福利工作的訓練。儘管諮商和其他理論模式一樣，都為社會工作所援用，但是對受訓者或剛取得社工資格的人來說，他們還是不知道什麼時候、為什麼、以及如何運用某個相關的取向。即使是經驗豐富的社工人員也會面臨這個難題，儘管他們多少可以從成功或失敗的經驗中知道哪些方法比較管用。很多人一旦取得社工資格，都得自掏腰包參加進階的諮商與心理治療訓練，以期提升工作技巧。社會工

作的合格後授證（post-qualifying awards）特別將高品質的人際技巧明定爲條件之一。

　　社工人員經常在專業期刊上寫作，大聲疾呼人們投注更多時間與注意力在這些實務問題上，他們認爲，目前的短視文化已經將這些問題加以邊緣化了。例如，Gwen Bird 寫道：

如果社工人員像 David Howe 和 Diana Hinnings（關係的復原，7月31口　8月6口）所說，企圖深入了解人們對於親密關係之感受的特色與性質，那麼社工們最好能夠先接受一些類似心理動力取向諮商員的訓練。

　　對於遭遇人際關係困境或痛苦的人們來說，想要真正了解他們並且建立同理心（empathy），應該先經過專業訓練，此種訓練必須包含兩個根本要素。

　　首先是深入了解早期的心理學、情緒與社會發展之基礎理論，例如 Donald Winnicott、John Bowlby 和 Melanie Klein 等人的學說，同時也要涉獵近期作家的研究，如 Michael Jacobs 和 Anthony Storr 等。

　　廣泛的自我察覺訓練是為了使實務者能以堅強而穩定的內在從事其工作，而不是像 Howe 和 Hinnings 所說的，使工作人員「因棘手的案件而歷經情緒上的大起大落」或「產生防衛性的反應」。

　　將這兩種重要的要素納入自我訓練中，再加上過

　　去的經驗，使我可以有信心地工作，而這種信心使我
　　對每一位案主都能獲得整體的瞭解。　（Bird 1997: 15）

　　本書認為，對所有的社會工作來說，基本的諮商技巧絕
對必要；雖然不是所有的社工人員都需要具備深厚的諮商能
力，但是若能加以精進，則能更加如魚得水。社工人員所需
要的諮商技巧視情況而異，不過，基本的技巧通常包括：

● 　投入注意、主動傾聽、不批判的接納；
● 　釋義（paraphrasing）、反射回去（reflecting back）、歸納、
　　及查核；
● 　察覺各種詢問問題、微妙的鼓勵、替代問題的用途；
● 　同理的理解、連結、與直接面對；
● 　挑戰、面質、處理防衛行為；
● 　目標設定、問題解決、聚焦技巧；
● 　認識自己與別人的肢體語言；
● 　避免帶批判性或道德性的回應；
● 　了解界線、能將技巧加以組織、能夠建設性地說出棘手
　　的事情；
● 　提供回饋、緩和氣氛、處理或避免引發敵意的能力。

　　這些技巧在各種諮商與訪談的研究文獻中都有大量的資
料（Nelson-Jones 1981; Jacobs 1982; Egan 1990），它們對於諮

商談歷程而言都很重要，而且也有助於提出輔助建議、評鑑社區照護、進行判決前訪談、評鑑兒童與支持計畫。除了各種案主團體的個案處理以外，也可以運用在社會工作的其他核心功能上—不管在辦公室、照護機構或當事人的家庭中。

社工人員最熟悉的理論典範莫過於 Carl Rogers 的理論與心理動力論。這兩種典範對於人格的看法，影響著社工人員和案主的關係。很多社工人員都很熟悉由 Gerard Egan 建立、並由 Francesca Inskipp（1986. 18）所發展的架構。以下簡單說明此一架構。

Inskipp 指出，幫助者在**階段一**應該如何發展出溫馨的關係，使案主可以從自己的參考架構中去探索「問題」。接下來，幫助者和案主應該一起瞭解特定的問題。這個階段需要的相關技巧包括：

1. 投入注意力
2. 傾聽
3. 主動的傾聽
   藉由 　　(1) 釋義
   　　　　(2) 反映感受
   　　　　(3) 歸納
   　　　　(4) 聚焦、幫助案主更具體
   　　　　(5) 釋義、反映感受、歸納
   達到 　　(1) 溝通、同理的瞭解

　　　　　(2)　不批判的接納
　　　　　(3)　真誠

　　階段二著重於發展新的認識，幫助案主以新的觀點來審視自己與自己所面臨的處境。幫助者和案主一起討論如何更有效地處理問題，思考案主可以使用的資源與優勢。此階段除了需要第一階段的各項技巧之外，還要：

1.　更深入地傳達同理的瞭解與默契，傾聽絃外之音；
2.　**幫助案主找到主題與衝突**；
3.　提供資訊；
4.　**分享幫助者的感受及╱或經驗**；
5.　「你—我的談話」—這是我們之間的事（直接面對）；
6.　設定目標。

　　階段三幫助案主思考可能的行為方式，擬定行動計畫，測量執行的代價與結果。這是目標設定的階段，除了階段一及階段二的技巧，還要使用：

1.　創意思考與腦力激盪；
2.　解決問題與作成決策；
3.　用學習理論來規劃行動；
4.　評鑑。

　　除了以上三個階段之外，Egan 進一步提出第四階段——**評鑑**。在這個階段中，案主和幫助者一起評鑑結果，並且衡量是否需要進行任何的改變。

　　這四個階段將諮商技巧循序漸進地納入行動架構中，對於新進的社工人員很有幫助。同時，它也提供了充分的諮商技巧，足以讓社工人員應付大多數的訪談；此外，對於各種介入程度，它也有明確的分界點。多數的社工人員會發現，當他們在工作中進行支持性的諮商時，這個架構已經夠用；而對於需要處理領養後、多產家庭、或其他較專業問題的社工人員來說，就有必要具備更專門的知識與技巧了。

　　在計畫寫本書的時候，我對社工人員從事一些調查，以確認這些技巧被運用的方式是不是和我想的一樣。這些社工人員已經受過大學程度的諮商課程，而且也是現職的社工，他們經常需要使用諮商技巧。我的調查所選擇的社工都參與、完成了諮商研究工作，並且連續三年得到優等以上的評比。他們在不同的情境中進行過社工實務，包括心理健康、一般醫療機構、兒童與家庭工作團隊、成人服務、團體照護與實地調查等。因此，我的問卷只寄給對於社會工作中的諮商技巧實務有清楚認識的人，三十名受訪者中有廿五位回應此份問卷，結果如表 1.1 所示。

　　受訪者被問及日常工作中使用諮商技巧的情況，所有的百分比都是以有效問卷的總份數來計算。結果發現，傾聽是最常使用的技巧，而面質則為最少用的技巧；不過，所有的

表 1.1　　社工人員對諮商技巧的運用

技巧	使用技巧的比例			
	總是	經常	有時候	從未
投入注意力	71	29	0	0
傾聽	93	7	0	0
主動傾聽	57	43	0	0
運用同理心	28	64	8	0
接納	57	28	15	0
真誠	28	57	15	0
釋義	30	35	35	0
反映感受	30	34	36	0
歸納	38	38	24	0
問題／探索	20	60	20	0
微妙鼓勵	21	54	25	0
挑戰	7	43	50	0
面質	0	56	44	0
連結	7	50	43	0
直接面對	7	53	40	0
處理防衛行為	7	40	53	0
目標設定	28	36	36	0
問題解決	36	64	0	0

技巧都達到一定的使用程度。由於調查樣本很小，如果沒有後續的訪談，很難知道、比較他們使用這些技巧時的特定目的。然而，這個調查至少確認一件事情：這些合格的工作人

員在他們日復一日的工作中，的確都使用了諮商技巧。

　　本書的重心在於實務技巧，但是我必須強調的是，人際技巧或流利的技術運用還是不夠的，社工人員的態度與風格對於結果的成敗也一樣重要。Truax 和 Carkhuff（1967: 141）肯定了這一點：「研究一致認為，人際接觸中的同理心、熱心、真誠等特質，可以讓人們朝好的方向改變」。將自我投入於治療關係中，是改變別人的先決條件，這在個人中心與心理動力取向中一再強列強調，並曾詳細探討治療關係的條件（Jacobs 1982; Mearns and Thorne 1988）。

　　Carl Rogers（1961）提到，個人中心取向的核心條件之一在於對個體的親切與尊重程度，而這也是影響治療成敗的重要因素。個人中心取向的實務者將此稱為真誠一致、精確的同理心、與無條件的正面關懷，而這些核心條件也同樣成為分析性／心理動力論治療法與社會福利工作的基礎，雖然有時候它們在各種研究中都只是被輕描淡寫地帶過。

　　不管採取何種諮商理論，工作人員的個人關係與積極促進的特質，都和技巧或理論素養一樣重要，也是服務的接受者所高度重視的。自從 Traux 和 Carkhuff 的研究問世之後，這個觀念已經受到廣泛的接受。當前有關社會工作的研究也發現了類似的效果，以 Hardiker 和 Barker（1994）為例，他們發現社工人員在處理涉及英國 1989 年兒童法案的重大複雜傷害案件時，也有賴社會福利工作與諮商技巧。此外，Aldgate 和 Bradley（1999）也發現，案主重視社工人員所付出的個人

支援，這不亞於他們對於服務內容的在乎。

　　在很多工作情境裡，進階的技巧可以相當程度地提升工作人員的信心與表現。這些情境包括面對喪親者、訪談受虐者、接觸憂鬱症病患或其他罹患心理疾病者、吸毒者、或犯人等。本書稍後將引述工作人員的話，顯示社會工作實務中對於基礎與進階技巧的各種範例。

　　社工人員和諮商員都是為了協助個人進行改變、適應生活的變遷、或尋求成長與發展的機會與資源。兩者之間最大的差異也許在於：尋求諮商的人通常出於完全的自我意志，而接受社工服務的人，往往是因為社會或法規命令而不得拒絕，或在貧窮、弱勢的狀況下不得不尋求協助。因此，構成諮商與社工之差異的面向在於情境脈絡—諮商員無須直接涉入案主所處的社會環境，他們可以在隱密的空間中提供保密性的服務，而且也可以明確地以契約規劃每次一小時的諮商療程。

　　因此，我們可以採用英國諮商協會（BAC，British Association for Counselling）為諮商所下的定義：

　　　　當某個人定期或暫時地肩負起諮商員的角色，提供或
　　　　明確地同意提供時間、注意力、與關懷給另一個人或
　　　　另一群暫時扮演案主角色的人時，他們所進行的就是
　　　　諮商。

　　　　　諮商的任務是提供機會給案主，使當事人去探

索、發掘、與澄清其生活方式，進而獲得更多的福祉。

　　以上定義也可以部分地適用於社工人員和服務使用者之間的契約，但是社工人員係在一個法律性、程序性的資源架構下工作，這個架構對於他們的職責與界線及其實施諮商的方式，有重大的影響。社會工作還有其他的目標，已經超越了 BAC 的定義範圍所及，這些目標包括處理犯罪行為的計畫、完成社區照護評鑑、協助父母處理子女不當行為的問題、幫助青少年脫離看管、從事 1989 年兒童法案第 47 節之訊問等等。在這種情況下，社工人員不能對個體提供完全的保密保證，因為案主的資料時常有必要與若干機構分享；同時，社工人員也必須在考量環境與法律的因素之後，才能決定應該如何介入。

　　吊詭的是，社會的限制導致人們成為社工服務的使用者，而基於該項工作之強迫性性質，社工人員的對象經常是社區中最困苦、最不幸、最麻煩的人物；這些人往往能夠從深度的諮商中獲得幫助。同樣地，社工團隊發現自己常常需要突然介入災難後的諮商，或在尚未撫平情緒之前就必須投下密集的心力（如 Lockerbie、Dunblane）。這種情況極度需要人際技巧，英國目前正在研擬、為期三年的社工訓練計畫已經將這項需求納入考量中。目前為期兩年的社工實務在技能、知識與價值觀等方面的訓練雖然大致上還算完備（Marsh and Triseliotis 1996b），不過，兩年的時間似乎不足以將所學有效

整合，同時也無法進一步訓練人際技巧。當然，某些基本的諮商技巧的確可以很快地用在實務工作上。

一名新進的社工人員描述：

> 我還記得擔任社工人員的第一天，我訪談了幾個案主。第一個是一名滿口髒話的大漢，他需要為他的新公寓添設家具，但是他申請的補助金遭到駁回，於是他把憤怒轉移到我身上；第二個是一名帶著四個孩子的單親媽媽，她家即將被斷電，她不斷地啜泣、顯得驚惶失措、而又極度絕望；第三個是一對歷經種族歧視之恐怖對待的夫婦，由於妻子是黑人，丈夫是白人，他們的公寓遭到嚴重破壞，而且牆上被塗滿各種攻擊性的字眼；第四個是一個老人，他有點搞不清楚自己為什麼來找我，最後他說他的廚房有螞蟻，他不知道如何把螞蟻趕出去。這些都是在一個上午發生的事情！
>
> 這些人都需要我們以不同的方式提供實際的協助，也希望我們能夠了解他們的感受。他們需要花時間談自己的問題，也需要實際的協助或各種資源與訊息。在訪談的歷程中，我們運用諮商技巧以促進訪談的進行，但是他們要的並不是這種諮商。

同樣的，Coulshed（1991: 44）寫道：「如果要成功地處理個案，能針對個別的案主而組織、調整服務的策略，則必

須非常注意協助者與案主之間的互動細節。就此而言，諮商
扮演著關鍵的角色。」

結論

在所有的情境與層次上，實務的諮商技巧和社會工作的
實務息息相關，這是因為：

● 關係永遠是有效實務的核心。
● 對別人懷有尊重之心的基本倫理觀，是諮商與社會工作
　的基礎，這種關係也是使社工實務具有對文化的敏銳度
　之重要關鍵。社會工作應該建構在非污名化（non-
　stigmatizing）的歷程上，並且以良好的人際技巧使其歷
　程更順暢。
● 跨越生命週期各個階段的工作使社工人員必須肩負危機
　處理與其他諮商角色。
● 實務工作人員已證實諮商技巧的實用性。
● 研究結果一再重複強調案主重視這些技巧。

我在最後一章會再回到這些主題，不過整本書會時常提
到這些概念。

下一章將探討諮商技巧在日常的社會工作中所扮演的基

礎角色，社工訓練要求受訓者必須具備實務工作的六項核心
能力，方得以獲頒合格社工證明，以下的章節將一一檢視這
六項核心能力。這些核心能力對於 1997 年之後取得合格社工
資格的人來說，應該都不陌生，但是其他人可能不一定很清
楚。對於尚未取得合格社工證書的人而言，應該要注意到這
些範疇反映著社工理論與實務的發展。雖然我以新的能力語
言來表達這些觀念，不過我相信任何社工人員都會認同它們
是良好實務的核心部份。

　　在我撰寫本書的同時，有關於社會工作認證條例
（CCETSW）在社工人員的訓練上所扮演的角色、以及成立
社會照護委員會（Social Care Counsil）的可能性等問題，也
是社會工作領域正在進行的討論。不管目前這些議題的最後
結果如何，可以預知的是，隨著人口與政治議題的改變，社
工訓練也將有所改革。然而，不管實務工作課程是否會跟著
產生變動，我相信實務活動中的六個領域，仍然會是所有社
會照護者所需具備並且證明自己具備的重要能力，它們分別
是：

- 溝通與投入；
- 鼓勵與使能（enable）；
- 評鑑與規劃；
- 介入與提供服務；
- 在組織內工作；

● 　發展專業能力（CCETSW 1995）。

　　因此，本書每一章都將考量社會工作的理論與方法，並且談到這些理論與方法被納爲社工核心能力的原因。此外，每個章節都會引述一些實務工作人員的話，以說明諮商技巧（不延伸包括治療性的諮商）如何融入、鞏固社會工作，並且將價值觀、知識、與技巧之間的連結鑲嵌在協助歷程的架構中。

第二章

溝通與投入

　　社會工作的溝通是一種雙向的歷程，目的是讓服務使用者和社工人員一同投入一個行動計畫，以達成特定的目標。CCETSW 在 1995 年將溝通視為合格社工人員的基本能力，具備此能力的社工人員應該證明自己能夠：

> 在社群內進行溝通並投入，使陷入困境的服務使用者獲得在社會中發揮潛能、參與及發展的機會。
>
> （CCETSW 1995）

這項決定：

- 反映出社會工作對於傾聽、回應與人際技巧等基礎社工歷程的重視；
- 指出受訓者必須發展出與大眾及其他專業人員接頭之完善的人際技巧。

　　這些人際互動所需要的基礎技巧係源自社會福利工作實務（Richmond 1922; Perlman 1957; Hollis 1964），並由 Compton

和 Galaway（1989）及 Coulshed（1991）加以發展。社會福利工作又源自精神分析及其相關理論，這些理論的影響力遍及各種救助專業，包括醫療、諮商、教育與輔導照護。這些理論衍生出傾聽、注意等諮商技巧的核心概念，已廣泛運用在各種溝通與關係的任務中。本章擬探討諮商技巧中的溝通能力在社會工作中扮演的角色。

　　社會工作實務中的溝通不只是訊息的分享。在這個歷程中，人們不僅交換想法、感受、觀念與期望，同時雙方也必須為對方所了解。語言與非語言的溝通可以用來：

● 　傳達、分享訊息；
● 　建立關係；
● 　交換想法與感覺；
● 　創造改變；
● 　交換態度、價值觀、與信念；
● 　達成工作人員與使用者的目標。

　　在這種交流的歷程中，工作人員必須尊重別人的價值觀與信念，只要這些價值觀或信念不會觸犯到工作人員的專業形象與功能。在每一個交流中，必須謹慎地確認意義，並且儘可能消除因個體之間的差異所導致的溝通障礙，例如職權與權力、語言、能力、傷殘、個性、背景、性別、健康、年齡、種族、階級等。還有其他的因素也可能成為溝通的藩籬，

例如環境、時間有限的壓力、對方的參與度、物理環境或干擾等。唯有考慮到障礙的存在，並且想辦法加以排除，才能達到真正的溝通。

Lago 和 Thompson（1996: 40）曾經提到文化差異對諮商溝通的妨礙，並指出一些可能構成阻礙的面向：

> 語言、時間、脈絡、會面的目的、對彼此的看法與態度、見面的地點、習慣／禮儀、氣味、年齡、接觸、身心障礙（disability）、裝潢、裝飾、飾物、個人的職權、期望、對個人過去歷史的感受、會面的前後脈絡、為什麼見面、打招呼或面談的慣例、性別、對於可接受／不可接受的行為之概念、道德／倫理制度、人際投射、政治性差異、個人所持的溝通理論、外表、高度、體重、非語言行為。

兩個來自不同文化背景的人在面對彼此的時候，不免會在幾個面向上顯示出彼此的差異性或類似處。Lago 和 Thompson（1996: 41）指出：「諮商員可能很難完全套用 Rogers（1961）為成功治療所定義的核心條件之一——接納與非批判原則。」他們也很務實地提醒，對諮商之文化構面的察覺不應拿來掩飾諮商員本身的偏見與種族歧視。

這些差異的面向也可能成為社會工作的障礙物。由角色與法律賦予社會工作的額外權力，為辦公室或家庭中的人際

接觸增添了一個特殊的面向,社工人員在扮演自己的角色或
執行任務時,必須避免帶有歧視或偏見;在這種狀況下,撤
除溝通藩籬顯得格外重要。然而,社工人員也要兼顧自己的
角色和功能,並且注意潛藏或未被察覺的社工權力。舉例來
說:

● 社工人員每天都會接觸脆弱的人,這些人的脆弱可能源
自年齡或身心障礙(受虐兒童、失智老人、精神病患)
或生活情境(權利遭到褫奪、被驅逐、或遭逢喪親之痛)。
面對這種情況,不應該利用諮商技巧誘使、操控或說服
案主從事某些他們並不真正想做的事,或企圖安撫那些
權利遭到撤銷的人。同時,如果社工人員對於社會或某
些人的安全(如兒童)負有義務,他應該把困難的問題
解釋清楚,有技巧而誠實地與案主溝通,使其了解釋事
實的真相以及依法可能產生的結果。法律所授權的權力
是否經由語言能力而濫用,是最重要的道德考量之一。

● 有時社工服務的使用者是出於自願,但是大多數的情況
正好相反。社會工作中的強制或控制性質,使社工人員
不能像諮商員一樣,只選擇協助那些願意主動參與、投
入的案主,這使得社工必須突破一道道由勉強、敵意與
抗拒所構築之障礙。在這種狀況下,特別是當憤怒與焦
慮的情緒可能瀕臨爆發的時候,社工人員迫切地需要發
展、提升自己的能力與技巧,以進行溝通與建立關係、

訂定目標、以及促進案主的參與。

● 許多社會服務的使用者並未具備良好而成熟的口語表達
能力，包括老人癡呆症患者、有學習障礙或聽力障礙的
人等，面對他們的時候，社工人員應該培養自己與這些
案主溝通的能力。社工人員也必須具備與兒童或青少年
溝通的能力，至於以治療的方式對兒童進行訪談，或為
法庭訊問案而從事錄影行為等，則屬於進階的技巧。社
工人員也必須具備運用其他促進溝通的方法之能力。無
論如何，社工人員至少都應該知道如何確保這是否為雙
向的溝通（例如運用各種翻譯服務）。

溝通可以視為一種涉及意義的提供、接收、及確認的互
動歷程。溝通有多種層次，雙方未必同時都能處於同一層次。
角色的關係是一個重要的構面，同時也應該思考溝通障礙。
訪員應該了解因為年齡、階級、或種族主義而產生的潛在障
礙。溝通歷程所產生的結果應該是一種約定，有了這樣的約
定，才能進一步使雙方合作、投入、互相了解，並且專注一
致地朝目標努力。

溝通技巧是社會工作實務的基石，其他需要進行溝通的
專業也然。舉例來說，醫生的溝通技巧不良，是產生抱怨的
主要原因之一（Moore 1997; Smith and Norton 1999）。因此，
醫生與護士在溝通方面的訓練漸漸受到更多的注意。醫院的
社工人員經常發現自己必須使用諮商中的溝通技巧來釐清很

多因為溝通不良所產生的誤會。社工人員期望能夠促進人們的主動參與，藉由賦權（empowered）改變人們的處境，或讓他們擁有更多的知識與掌控能力。

▶▶ **實務範例**

以下描述一名病患和他的醫師之間的溝通障礙，並且由醫院的社工人員運用諮商技巧加以解決。

米斯奇先生是一名住院病患，他是出生在印度的黑人，以古吉拉堤語為母語。社工人員是英國籍的白種女性，母語是英語。醫師則是一名有東歐血統的白人，出生在英國，他的母語也是英語。

這名病患在中風之後進入醫院，他已經完成藥物治療，醫生認為療效相當穩定。但是他不願意配合進一步的治療（包括物理與進一步治療），醫院為他引介了一個社工團隊。他拒絕到健身房運動，醫生說這位病人「懶惰」，而且是「典型的病患角色」（classic sick role）。醫生更進一步的表示，這名病患樂於扮演病人的角色，喜歡有人幫他把事情都做好，包括為他更衣或餵食。醫生的結論是，社工服務應該將他安置在護理之家，讓他可以繼續依賴別人的照護。

社工人員的第一步是訪視服務使用者，不過她還帶了一名翻譯，以便確認自己和使用者之間的溝通沒有障礙。服務使用者清楚地表示自己並不想進入護理之家，

而是想要回家。他知道自己將一個人住，所以回家之後必須自行料理生活起居。在這個訪談中，看不出他喜歡扮演病人的角色，而且似乎很渴望回家（在此所運用的技巧：主動傾聽、注意、傾聽肢體語言、翻譯服務的運用、確認、使社工人員與病患能夠溝通、同理心）。

　　第一次訪談結束後，社工人員發現服務使用者所說的話和自己一開始所獲知的訊息不合。在下一次的會面中，社工人員和服務使用者討論她對此事的困惑（直接面對），她問到，如果想要早點康復，為什麼不願意接受進一步的治療（探索式的開放性問題）。他說自己並沒有抗拒，因為他已經服用醫生所開的藥了。於是，社工人員才了解，原來米斯奇先生視藥物為治療的全部內容，他以為醫生並不相信他生病了，所以要他去健身房運動以證明他的病已經好了。所以米斯奇先生和醫院之間因為溝通障礙而產生誤解，導致他不再願意參與後續的療程。

　　社工人員發現了這個溝通不良的問題之後，決定先觀察醫師和病人的互動。她思考雙方使用的語言後所獲致的結論是，醫療立場與他們所使用的語言都帶有道德、評斷與權威的色彩——在沒有經過確認的情況下，米斯奇先生很快就被權威式的理解方式定義成一個懶惰的病人。社工人員經常以扮演控制角色的「父母自我」狀態（parent ego-state，詳溝通分析的理論模式）來思

考醫療的溝通模式。這種模式容易引發服務使用者的抗拒（自衛）。當她思考米斯奇先生的語言時，發現他經常使用「我才不要，他管不了我」，顯示出類似兒童時期的一種反應，這種反應在成人時期會因爲病痛或無助而再度出現。幫助者以家長式的態度強化了依賴的問題，伴隨著這種感覺的可能是憤怒與反抗（「兒童自我」狀態）。

社工人員發現這個醫病關係對彼此都沒有好處，甚至加深彼此的對立態度。醫師表現得越像控制力強大的父母，服務使用者更加排斥他被囑咐的任務。這個分析使社工人員清楚地看清醫生與病人如何加深兩人之間的溝通裂痕。

社工人員建議醫生和米斯奇先生見面，她自己也參與。她請醫生向病患解釋相關治療的好處，包括該療程有助於強化肌肉、改善他走路的能力，使他重新獲得獨居所需要的體能。同時，她也要求米斯奇先生向醫生說明拒絕該項療程的原因是因爲他以爲自己在沒有康復之前無法做運動，而且認爲休息才是最好的治療。此外，他也以爲醫生覺得他已經痊癒了。（此時，社工人員運用同理心，了解醫生與病患的立場，爲雙方製造一個釐清與說明意圖的機會。她一方面建設性地質疑權威模式，一方面利用相關的諮商技巧居中調解。）在這個會面中，雙方以對等的成人角色，交換訊息與感受。服務

使用者得以傾聽、了解物理療法對他的幫助，而醫生則開始了解病人並不是因為懶惰或其他難以理解的原因才拒絕運動（挑戰觀點、減少病患角色的防衛行為）。

社工人員一開始透過翻譯人員，以確保雙向溝通。她降低了醫院與服務使用者之間的權力不均衡狀態，並且讓服務使用者的心聲得到傾聽。她對雙方賦予同等的重視以及專注的傾聽，藉此找到誤會之所在，並且仔細檢視雙方所使用的參考架構。她運用技巧（傾聽、歸納、提出問題、同理心）促使這個會面獲得解決方案。她透過直接面對與理解力使三方的對話打破僵局，並且讓米斯奇先生以成人、有尊嚴的方式接受服務。

該社工人員對於行動的分析，顯示了她的知識、價值觀、與技巧。她探討了這個工作情境的文化脈絡，並且思考可以運用哪些理論模式。醫生認為病患的積極參與有助於復原，病患認為自己需要的是一段時間來安靜休養，兩者的文化差異清晰可見。同時，雙方之間也因為角色與地位而產生不平衡的權力關係。社工人員在支援病患與為醫院提供服務之間，必須讓自己的角色保持中立客觀。社工人員可以和案主及醫師討論她的角色範圍，以便明確地處理彼此間的互動。

訪談

多數的社會工作溝通都需要以訪談爲工具，不管是透過電話、在辦公室、或在案主的家庭中進行。關於社工訪談有很多不同的說明，例如 Davies（1985）將之稱爲「有意圖的交談」；而 Hugman（1977）則主張社工人員應該「表現得自然一點」。個人的態度─如熱忱、彈性、創意，是很關鍵的出發點。然而，多數的社會工作文獻對於溝通與關係的主張都認爲，社工人員應該結合熱忱、同理心、及正面的關懷與各項在督導下發展出來的技巧。

Compton 和 Galaway（1989: 334）提出一個實用的組合，說明社工訪談是「一系列的溝通，具有四項特性：(1)具有情境脈絡；(2)有目的性與方向性；(3)有限制性與契約性；(4)涉及專業的角色關係」。

有許多實用的書籍可以幫助學生了解訪談歷程的理論架構與目的（Nelson-Jones 1981; Breakwell 1990; Heron 1997; Millar and Rollnick 1991）。社工課程可以教授基本技巧，並且在實習期間測試這些技巧。對於受訓者來說，訪談技巧是社工生涯中必須終身學習、發展的主題，而最困難的事情不外乎是剛開始的時候如何才能學以致用。研究顯示，訪談技巧可以藉由教學及微觀技巧的反覆練習來發展（Bamford and Dickson 1995），同時，也可以轉換到各種不同的工作情境（Ryan *et al.* 1995）。下一節將探討幾個重要的基本諮商技巧，以及社工人員如何運用這些技巧來進行溝通與投入。

核心的溝通技巧

傾聽

在社會工作中，這是一個主動的歷程，而不是一連串的「點頭」或「嗯」等，這種反應很容易引發服務使用者的敵意與不耐煩。Jacobs（1985: 13）提出幾個很實用的原則：

- 全心全意地傾聽，不要打斷；
- 記住對方說過些什麼，包括細節在內（聽得越多、說得越少，記得越清楚）；
- 傾聽到最底部（沒有說出來，卻可能感覺得到）；
- 觀察非語言的線索，以幫助你了解對方的感受；
- 傾聽自己的聲音，想想如果自己處在同樣的情況，會有哪些感覺；藉此獲得進一步的了解（同理心）；
- 試著忍受暫停與沉默（儘管比一般對話中的沉默或暫停更長），避免用一連串的問題打破沉默；
- 讓自己與別人覺得自在而放鬆，即使心裡一點都不平靜，也要保持冷靜的樣子。

雖然這樣的督導原則很有幫助，但是在督導下的實際演練也很重要。很多人讀到這些原則時會覺得自己已經這麼做了，但是在真正演練時才發現並不容易，例如，沉默似乎比

想像中還要令人難受，或不知道該如何成功地進行釋義。傾
聽與集中精神的能力很重要，Cornwall（1980: 17-18）提到
在賦權歷程中的傾聽時，中肯地指出：「如果是選擇性地傾聽，
那麼就等於不給對方選擇他想表達的方向。……如果以正面
而無條件的關懷傾聽，不要負面地評斷，除了可以讓內在的
痛苦得到宣洩的管道，也能賦予個體更多自我掌控的力量。」

　　要注意的是，一些日常對話的特性，對於專業訪談並沒
有幫助。Townsend（1987: 21）將這些特性總結成有趣的型
態如下：

● 白日夢（喪失注意力、神遊）；
● 貼標籤（在缺乏證據的情況下，將別人入某一類型）；
● 打分數（把所有聽到的事情和自己的經驗串聯）；
● 臆測心思（揣測別人的想法）；
● 排演（預先思索自己下一句台詞）；
● 選擇最好的（聽到最重要的訊息後就轉移話題）；
● 插嘴（忍不住要提供建議）；
● 較勁（盤算怎如何可以在言語方面佔上風）；
● 掩飾感情（以笑話或陳腔濫調壓抑情感）。

　　相反的，在訪談中精確而良好的傾聽方式是：試著了解、
傾聽別人的經驗；對於別人接下來要說的話保持開放的態度；
等別人說完自己並加以思考之後才回應；不預設哪些是重要

的訊息；專注於別人設定的主題；不要貼標籤或用刻板印象
來定義對方；除非對方要求，而且確定自己了解整件事情，
否則不要提出建議；不應欠缺考慮地做出煽動性或挑戰性的
評論；讓別人有空間表達、釐清自己的感受。

　　對一個孩子所處的險境產生扭曲的評鑑，或在訪談一個
成人時將其貼上標籤、選擇性地接受某些資訊，導致無法提
供適當的照護計畫，是社工人員可能犯下的錯誤。由於很多
案主在與社工單位接觸前，曾經被貼上標籤或受到敵視，因
此覺得憤怒而沮喪，因此社工人員更要全心地傾聽案主的聲
音。有時候聽完案主的敘述，社工人員可能無法提供任何協
助，或需要轉介；然而，如果案主的心聲可以獲得全心的傾
聽，通常比那些覺得自己受到藐視或忽略的人，更能接受社
工人員的建議。傾聽的技巧可以幫助社工人員在不逾越權限
範圍的情況下，對案主做出個人性、非官僚的回應。社工人
員在平靜、建設性的氛圍下，也較能仔細傾聽複雜而難以理
解的訊息。

回應

　　諮商歷程要求諮商員做出體貼而審慎的回應；同樣地，
社會工作也講求有技巧而精確的回應。剛開始的回應可能是
非語言性，但是漸漸地應該不只以表面而簡短的字詞向說話
者表示自己正在傾聽。諸如歸納、反映、或釋義等諮商技巧，
對於確認訊息是否正確地為對方所了解與紀錄、是否提供了

案主所需的服務等，都是很實用的。這一項工作要做得好，
需要花時間練習。Jacobs（1985）列出的技巧可以用來推動
訪談的進行，並且更徹底釐清或探索問題。

- 描述你所接收到的感受或想法時，要盡可能地精確（不
  要只說沮喪或生氣）。
- 利用同理心盡可能達到精確的理解，儘管有時仍然不可
  避免會出現錯誤。
- 把問題減到最少，除非你需要非常精確的資訊（如果是
  這樣，試著讓問題變得更精簡）、想要擴張某個主題（提
  出開放性的問題）或想要鼓勵對方（此時，修飾過的問
  題會較有幫助）。避免以「為什麼」為開頭的問句提出
  問題。
- 運用微妙的鼓勵（「嗯」、「是」或重述最後幾個字）。
- 以鼓勵的方式精確地釋義、歸納或反映，以表現出自己
  正在傾聽，並確認自己聽到的訊息是否正是說話者所表
  達的意思。
- 避免評斷或說一些哄騙性的話語。
- 可能的話，要把案主提到的經驗、事件、反映或想法加
  以連結。
- 避免變換話題或不必要的插話。
- 避免太快或太常說話或說得太長。

　　將基本的諮商技巧援用在社工訪談中，可以蒐集資訊，讓案主表達自己的需要或擔憂，以及評鑑社工機構可以提供哪些服務，幫助案主決定怎麼做或解決問題。

提出問題

　　很多社會工作需要先收集資訊，再評鑑、提供服務或採取行動。許多人在生活中面臨危機，需要社工人員快速地加以介入並反應，這使可靠的訪談與人際技巧顯得無比重要。有些需要社工人員和案主一同填寫的表格既冗長又耗時，因此，訪談的設計應該儘可能有效率地獲取相關資訊。在這種情況下，應該誠實地讓案主了解，這些問題都是必要而重要的，否則可能會讓蒐集資料的歷程變得非常漫長。有些工作內容（例如提供建議）需要以細節性的問題蒐集相關資料，社工人員必須先解釋自己的目的，並且讓案主知道提供這些訊息會有哪些結果（例如有哪些人會看到這些資料、這些資料可能會被轉到哪裡）。

　　在訪談中，社工人員無可避免要比諮商員說得更多、更主動。為了要記得相關細節，社工人員經常需要做筆記、並且在案主面前填寫表格。向案主明確說明相關程序、並且取得他們的合作與同意，是非常重要的工作。社工人員可以利用釋義、歸納、直接面對等諮商技巧達到這個目的。避免一連串的詢問與侵略性的問題，可以使訪談更順利。謹慎地將問題加以組織可以更有效地取得資訊。舉例來說，訪員可以

說「你可以告訴我有關……」或「如果多知道一點….可能會很有幫助」，而不是一些拐彎抹角、不著邊際的問題。

　　了解封閉性問題和開放性問題之間的差異是非常重要的。封閉性的問題必須是為了獲得特定資料而提出，然而即使諸如「你正在使用藥物嗎？」都會比「你可以告訴我你最近吃些什麼藥嗎？」這種問法來得更好。這是封閉性的問題，但是表達的方式比較不具質詢性。使用開放性問題的訪員發現，以「如何」（how）、「什麼」（what）、「何時」（when）為開頭的問句，比用「為什麼」（why）開頭更有助於訪談的順利進行。「為什麼…..？」這種問句聽起來有較多責難的意味，威權色彩也較濃厚，容易喚起別人對學生或孩童時期的記憶。（你為什麼遲到？你為什麼不洗碗？）。對兒童或青春期的孩子說話時，更要記得這一點。人們通常不太確定自己行為的直接原因為何。如果可以用間接的方式提出「為什麼」的問題，例如「可以告訴我意外發生那一天的事情嗎」，人們通常比較願意、容易回答，而且這樣的問題可以幫助他們探索自己的動機。

　　這些技巧非常強調審慎的語言與構句，它們一方面能夠促進坦率的問答，也可以減少敵意與焦慮。避免使用評斷、哄騙或道德化的措辭，因為這種話會引發自我防衛的反應。社工人員不應用粗糙而不加思索的方式攻擊案主本身（例如面對違法或有暴力傾向的孩子），因為這樣可能會導致反效果。社工人員應該嚴格控管自己對於案主的不認同或厭惡感。

在需要蒐集法律證據或會議資料的情況下，必須運用開放性的訪談，要特別注意的是勿提出誘導性的問題，或教導案主如何回答。

肢體語言

　　雖然各種文化對於目光接觸、肢體接觸、衣著等等都有不同的規範，但是有些基本的原則仍然應該謹記在心。舉例來說，訪員與案主之間保持的距離，應該使彼此都覺得很自在；避免不必要的干擾；考慮訪談場所是否正式；眼神渙散、打哈欠、偷瞄手錶等小動作會予人不佳的印象；面部的表情很重要，因為在不適當的時機皺眉頭或微笑，都會傳達錯誤訊息；通常保持微微低沉的語調效果比較好，也具有安定的作用；溫和而清楚地對小孩子說話，比用尖銳的聲音說得又快又多，前者的效果較好。這些源自諮商研究的督導原則，即使在社會工作情境中也不失實用性。果斷訓練（assertive-ness）、身體姿勢、臉部表情、呼吸與坐姿等，都可以舒緩憤怒、敵意、焦慮或緊張。在家庭中進行訪談，則應該排除一些可能導致分心的因素，例如收音機、電視、寵物、或鄰居等。社工人員必須留心週遭的氛圍是否有助於提升訪談效果，同時也應該以堅定但敏銳的方式處理一些導致分心的事物。

▶▶ 實務範例

　　以下的敘述說明如何將基礎技巧運用在刑事判決的情境

中。社工人員必須建立和案主的關係，並且以溝通和投入的方式爲未來的合作奠定基礎。

狄恩是個年輕男子，有一名妻子和小孩。他因爲酒後駕車遭到治安法庭處以緩刑六個月的命令。這是第二次的犯法行爲。安排狄恩和社工人員見面的最重要目的是讓狄恩正視他的犯法行爲對家庭與社區的影響，並且評鑑他承擔的風險。他必須接受每週一次的查看。第一次訪談的主要任務是確定狄恩了解自己應該要做些什麼—包括出席會議並參與計畫。其中他也有機會陳述自己對事件的想法與反應。藉此建立一個共同的行動計畫。

結果，案主可以表達自己的想法，他承認酒後駕車的危險，並且了解到，爲了妻子、小孩與社區，他必須控制自己的酒精攝取量。在緩刑期間他沒有再犯，他也處理了一些有關家庭與工作的實際問題，這些問題就是導致他焦慮、酗酒的原因。他加入了一個爲汽車肇事者開設的團體，該團體的工作人員和大多數的社工人員一樣，採用了許多不同的取向：個別輔導、團體歷程、與實際協助。這些技巧都以溝通爲基礎，並且以此與案主建立關係。

首先，謹慎地傳達訊息，使案主清楚地了解此一歷程（確認、釋義、歸納）。案主被問到他對於自己的狀況有何看法（同理心的運用），並且在社工人員的鼓勵下尋找自己的力量（自我支援），說出自己需要哪些幫助（連

結、問題解決、目標設定）。剛開始，他並不願針對犯罪事件多談，後來則願意對此進行討論與重新架構（reframed）（挑戰）。社工人員將狄恩視為獨立個體（真誠、接納）並且予以尊重，但是卻未因此而輕描淡寫酒後駕車一事（專心的傾聽）。在探討犯罪行為的潛在原因時，開放性的問題可以派上用場。剛開始的時候，社工人員努力讓狄恩放輕鬆，並且以肢體語言傳達訊息，表示自己正專心而積極地傾聽。既然這項犯罪行為已經受到法院的裁判，在此可以避免做出道德性或批判性的回應。社工人員說：「我思考他的感受和行為。我知道在適當的時候需要促使狄恩承擔責任，並且讓他了解此犯法行為對受害人所造成的影響」。

　　不管長期的結果為何，就短期來說，審慎地選擇適當的技巧與手法，進行有目的、有界線的互動，可以讓社工人員達到機構的目標。狄恩對於自我與行為都獲得了語言與認知上的理解。

　　在初期的接觸中，溝通與投入的技巧對於社會工作關係的維持與運作是非常關鍵的。謹慎的傾聽、觀察與回應自己及別人的聲音，可以促進意義的交流，使歷程更有效率。當社工人員必須根據案主的能力及其生活之目標而採取行動時，無可避免必須先釐清期望、提出質疑、維護法律賦予的權威角色，在這個時候，這些技巧便顯得格外重要。

訪談的架構

多數情境中的諮商員都會提供案主按鐘點計算的時間，以便讓案主說明自己的煩惱或問題。社工人員通常在特定的法定機構或其授權下工作，他們的角色通常被期望去解決某些實際的問題。服務使用者所提出來的問題也經常是其他人提出來的問題。社工人員負起代表社會的責任是很重要的，有時候社會對於社工人員的這項投資會在媒體或透過公開訊問而受到嚴厲批判，特別是在發生意外時。這種責任促使社工人員將訪談組織成一個有助於機構或使用者達成目標的架構。

以下介紹的架構廣泛用於協助社工人員進行溝通與投入的工作。以下分別簡要說明，至於進一步的細節則請參考本書中提到的文獻：

● **解決辦法導向治療法**（Solution-focused therapy）：這個取向源自 Shazer（1985, 1988）的研究，工作人員的重點在於使人們為自己找到解決困難的方式，並且支持他們面對改變。它比較不強調問題的本身，而著重於強化處理策略，這些處理策略通常是案主本來就具備的能力。

● **激動性訪談**（motivational interviewing）：這個取向由

Millar 和 Rollnick（1991）提出。性質上，這是一個實用與折衷的取向，工作人員幫助案主尋找、建立讓自己改變的能力。在介入或調解時有五個原則可供參考：表達同理心、發現矛盾、避免爭論、對於抗拒反應要試著以柔克剛、對於自我效能（self-efficacy）要提供支援。

● **人本論架構**（Humanistic framework）：Heron（1997）提出面對面輔助的六種介入風格，分別為透視法、教育法、對抗法、導洩法、催化法、及支持法。治療師根據案主的需要而選擇採取何種介入方式。該取向也詳細說明在何種情境下應該選擇何種介入方式才能發揮最大效果。

● **認知架構**（cognitive framework）：認知地圖對於社會工作和心理治療領域裡的介入都有很好的效果，相關的例子可以參考 Robert（1995）、Ryle（1995）和 Corey（1997）的研究。近年來的研究證實這種取向適用於犯罪者或其他特定團體（McGuire 1995）。

　　諮商技巧是各種訪談架構的基礎，我將在第五章進一步探討諮商技巧如何以不同的理論取向和解決問題架構來支援社會工作。

▶▶　**實務範例**

　　本章進一步以案例說明，在英國 1989 年兒童法案的法律架構規範下，社工人員如何運用諮商技巧與家庭溝

通。

　　一名兒童的親生母親和繼父申請正式領養他,並賦予繼父與生母完全的父母責任。地方政府在這個歷程中的形式責任是評鑑此一申請是否符合該童的最大利益。在案主提出申請與舉行聽證的期間,當局的責任是:進行調查並且確認兒童福利受到保護、完整告知申請者領養行為在法律上的意涵、以及對領養者和孩童的影響、提出其他行動方案的建議。有關於該家庭的狀況、領養可能發生的結果、兒童的福利、及其他可能更有利於兒童的做法等,應該做成一份書面報告呈交給法院。在這種狀況中,社工人員的責任之一是,了解被領養兒童的感受與意願,並且讓他們了解這樣的改變對自己有何影響。因此,社工人員需要具備與兒童溝通的技巧。

　　本案例中的兒童年紀很小(六歲),所以這對夫婦很難向他說明媽媽和「爸爸」必須向法院提出收養申請的原委。社工人員從研究與實務經驗中了解到,在這種情況下,對孩子最好的做法是讓他知道自己的身世與血源。她(社工人員)和相關的成人們分享這個訊息,並且一同確定他們的兒子了解自己的狀況,包括關於申請領養一事。

　　剛開始的時候,她以「同理心」來思考這個家庭可能經歷的歷程。她和這對父母以小男孩可以理解的圖畫和簡單的文字,共同製作一本故事書,這是一個持續進

行的計畫，所以這本書根據時間順序把重要的事情紀錄下來，而且可以繼續往下延伸。在與父母一起工作與溝通的時候，社工人員（運用沉默）給他們思考、反省與回應的空間；在探討家庭生活的安排、父母角色與能力時，她利用開放性的問題以避免對案主造成壓迫感。她引導每一個成員加入討論，使家庭中的溝通以一種開放的方式進行。她以遊戲、閱讀或畫畫的方式和小男孩溝通，並且盡可能使語言簡單易懂。因此，她能夠透過每個人的觀點進行討論、傾聽、同理心，及諮商。處於這種情況下的家庭，對於預料之外的社工介入都會覺得意外，甚至排斥。

　　成人們常常不知道如何告訴孩子自己的身世；然而，運用敏銳的人際技巧，誠實地告知案主相關的歷程，並且妥善地使用權力，可以促使家庭成員投入這個歷程，進而從中得到幫助。社工人員的諮商技巧可以幫助她達到賦權的目的，而這正是社工工作之基礎。藉此，她能夠有效地進行溝通，也能夠引領案主投入此一歷程。在每個階段，她考量自己的目標，並思考應該運用哪些有效的技巧。她巧妙地運作權威，以促使小男孩與他的家人和她合作，共同達成目標，並且成功地讓小男孩了解自己的身世背景。

結論

　　本章說明溝通與投入的諮商技巧如何成爲關係的基礎，並且讓非自願的案主投入社會工作的歷程。這些技巧看起來似乎很簡單，但是光靠學習、卻缺乏實際的演練，仍然很難運用在真實的狀況中。正如一名學生提到實習的經驗時說道：

> 將務實的取向與理論結合並且運用所學的良好訪談技巧，是最有效的方式……你練習的機會越多，就會越有自信；一旦有了自信，你就可以扮演一個有效而熟練的協助者。　　　　　　　　　　　　（Smith 1994: 12）

第三章

鼓勵與賦權

　　現今社會工作實務的主題是，改善服務使用者處理事情的機制與解決困難的力量，這可以和一些「協助」的概念加以對照，後者的概念架構往往導致人們變得依賴或被動。社工人員試圖瞭解與分析「結構性的障礙」如何降低人們對社會的參與度。社工人員盡可能以最小程度的污名化、最能賦權的方式從事他們的工作。在社工文獻中的三種主流中—力量觀、賦權、與鼓吹（advocacy），都可以發現這樣的取向。合格的社工人員應該證明自己能夠：

　　　促進人們擁有運用自身力量與專業技術的機會，使能
　　　夠善盡自己的責任、保護自己的權利、以及促成改變。

（CCETSW 1995）

　　這指的是透過工具或權威，幫助人們向前邁進，鼓勵他們主動地達成自己有潛力完成或希望獲得的結果。這項社工資格所反映的意識型態是：尋找並運用使用者的力量，使他們能夠達到自己認定的目標，並且保護自己的權利。本章將

探討力量觀點、賦權、與鼓吹在實務上的定位,並且提供案例,說明如何以諮商技巧爲基礎來達成目標。

力量取向

Saleeby 是將此一取向系統化的功臣,他在《社會工作的力量觀》這本深具啓發性的書中寫道:

> 力量觀不是一種理論—雖然朝此方向發展的趨勢似乎越來越明顯(Rapp 1996)。這是一種思考自己做什麼、和誰一起做的方式。它提供了特別的透視鏡來檢視實務的世界,任何實務的做法都必須回歸到工作人員與案主對經驗的詮釋,並由假設、措辭、倫理觀、和一組方法所組成。任何實務做法的實用性與重要性並不在於對事實的獨立評鑑,而是它如何幫助我們協助別人、如何強化我們的價值觀、如何在特定的環境中為案主創造機會,使他們可以朝自己希冀的方向改變。

(Saleeby 1997: 17)

把力量觀點運用在社會工作情境時,是採取生態系統(ecological system)取向來解決問題,以社會、政治、及文化和個人的關係來考量案主的困境與可能性,它的焦點不是

案主的缺陷，而是案主所擁有的資源。

Saleeby（1997）指出此一取向的原則如下：

● 注意案主的力量；
● 指出案主具備許多力量；
● 孕育案主的力量是激勵的基礎；
● 社工人員是案主的夥伴；
● 避免受害者的思維架構；
● 任何環境都有豐富的資源。

社工人員應具備如下的理念：

● 賦權（empowerment）；
● 接納（membership／inclusion）；
● 再生（regeneration）；
● 綜效（synergy）；
● 對話（dialogue）；
● 中止懷疑（suspension of disbelief）。

該取向不僅符合賦權的理念，也和 Rogers（1961）的人本取向吻合。諮商技巧可以用來幫助人們尋求這些力量，並創造出發展的機會。

▶▶ **實務範例**

以下是一名社工員的敘述，她試圖將 Rogers 對「真誠」
與「價值」的概念融合在以案主為中心、建構力量的實
務做法中。該社工說：

> **真誠**是一種心理態度，透過訓練與經驗使諮商員更
> 有信心、更成熟，進而達到這種態度。在這種態度
> 中，蘊含著**接納**與不批判的概念，以案主的體驗來
> 說，這是一種**無條件的正面關懷**。這種態度使案主
> 感受到自己的價值，促進自我接納與成長。但是這
> 並非意味著案主的每個行為都是可以被接受的。

該社工接著思考如何將這種工作風格運用在對兒童
的照護實務中。根據她曾經接觸過的一些兒童照護案
例，她發現有許多人都有低度自尊的問題。通常這些問
題都來自他們無法扮演好父母的角色，有時候則是因為
自己曾經受到父母不當的教養。社會工作的內容並不僅
止於了解這些原委，正如她說：

> 社工人員在職務上必須扮演很多角色，她越來越像
> 是政府與法律系統的工具，換句話說，她必須根據
> 規定的程序執行解決方案。然而，她仍然必須扮演
> 顧問與鼓吹者的角色。此外，她也必須為案主從事

某些實際的工作。因此，有時候她不得不同時既「支持」，又「反對」她的案主。

因此，以案主為中心的取向對案主來說是複雜的，舉例來說，人們可能因為毆打、傷害、或疏於照護他們的孩子而使引發社工人員的關切，這些案主並不願意與社工人員接觸，而且可能有強烈的防衛心理。然而，社工人員仍能夠傾聽他們、關心他們，並且試著建立合作關係。因此，社工人員認為，每個人都有其價值，就算社工人員去解決的問題是社會所不能容忍的行為。

談到年輕的孩子，這位社工說：

遭到父母遺棄的年輕孩子，不願意被控制，在面對社工人員時更會出現挑釁的行為舉止。此時，社工人員無條件的正面關懷和孩子在別處所經歷的疏離與背棄，形成強烈的對比。採取這種取向有時會使社工人員受到誤解，以為他們默許了案主的行為。

她舉出一個例子：一名社工人員安慰了造成詹姆斯‧鮑格慘死之兇手的母親，結果遭到許多公開的抨擊。判決通過後，該社工人員在準備法院的案情報告之歷程中，結識了其中一名兇手的母親。社工人員對這位飽受社會批評的母親感到同情，她的兒子犯下謀殺罪並受到

監禁。社工人員認為她只是一個歷經苦痛、需要社工人員協助的平凡人。他說：

> 許多時候，人們都需要諮商的協助，例如遭遇工作上的問題、創傷、一些有待解決的特殊問題、或需要建立自信心等等。諮商的目標將會設定，但是達成目標的諮商取向則可以選擇。有時候也可能用到**同理心的傾聽**（empathetic listening）或**支持**（support）。舉例來說，我有一個案主曾經使自己的小孩子受到輕傷而被告，我對她可以表現出無條件的正面關懷，她感受到我的**真誠**，並決定接受心理治療，以處理她的低自尊問題。雖然我沒有辦法進一步地幫她，所屬機構也不容許我這麼做，但藉著肯定其身為一個人的價值，無懼於自責的告白，我輔導她提高解決人生問題的決心。我看著她繼續進步，我的任務也就完成了，因為她的孩子不再有危險。

這名社工清楚地說明自己如何在無傷權威、角色或機構所賦予的任務等情況下，接納她的案主，並且以案主中心的方式擴展案主的力量。

賦權

賦權的概念係由 Solomon（1976）等人引進社會工作領域，他是以美國的黑人社區爲關注焦點。目前賦權已經成爲現代實務的主流議題，它反映了案主團體所面臨的社會不平等與排斥現象（Cochrane 1989; hooks 1991; Braye and Preston-Shoot 1995; Humphries 1996）。

賦權在實務上很複雜，因爲它包含了價值觀、意識型態、方法與結果，同時也因爲每一個個體在不同的情況下或不同時間裡，或多或少都具有一些力量。因此社工人員必須謹愼而睿智地從事賦權的行爲。「賦權的策略是爲了維護與改善服務的公平性，也是爲了對抗普遍的負面評價」（Payne 1992: 229）。賦權的目的在於幫助案主：

●　在尋找問題的解決方案時，視自己爲原因的代理人（causal agent）；

●　視社工人員爲擁有知識與技巧的人，而這些知識與技巧是案主可以運用的；

●　視社工人員爲解決問題的夥伴與合作者；

●　視權力結構爲複雜、但可部分加以影響的機制（Payne 1992: 230）。

這樣的實務模式讓個體認爲自己對於情境掌有一些控制權，社工人員的角色變成「資源顧問、感光器、與教練」（Payne 1992: 230）。

　　這個角色必須由社工人員扮演，因為社區或個人會把外界對自己的「負面評價」內化。這些負面評價係由各種壓迫與劣勢經驗累積而成。一個「權力缺席」（而非「權力失靈」）的文化係指人們沒有改變制度的企圖。如果社工人員把改變的重點放在個人身上，而非造成這些劣勢的結構，則他們可能成為結構性的共犯。要有成效的話，提升意識與激烈的政治性支持是需要的。Seligman（1975）對於「習得無助感」（learned helplessness）的研究可支持上述論點：如果人們不斷地經歷行為的無效結果，他們將會認為自己的行為沒有用，因而傷害了動機與解決問題的能力。有時社工人員的賦權策略會強調與案主並肩合作，並由案主來主張自己的權利。

　　當社工人員提及賦權時，應該盡可能說清楚一些，這會很重要，因為他們必須在機構中完成某些工作，而這些機構掌控了資源、自由或撫養兒童的權利。賦權意識型態的言辭表達與激進的賦權實務行動之間，很容易混淆。完全不批判的「賦權」和自由放任主義（laissez-faire）並沒有兩樣，認為任何人都可以在無援的情況下為自己找出路。因此，賦權的理念必須與支持性實務與清楚的理解權利加以連結。

▸▸　**實務範例：觸角－提供身心障礙者的諮商服務**

以下是一名實習社工人員對於賦權與鼓吹取向的敘述：

　　大多數給予身心障礙者的服務一直都是由非身心障

礙者的專業人員所提供。

　　由於非身心障礙者的專業人員缺乏對於失能的認識與經驗，很多接受服務的人都會覺得這些服務是以一種恩賜的姿態出現，既無法賦權給身心障礙者，也無法滿足其需要。諮商也是一樣的情況。

　　隨著身心障礙者運動的成長，他們體認到，這些服務應該由身心障礙者自己來控制、提供，唯有這樣才能促進對身心障礙人士的評鑑與了解，並且也肯定失能者所具備的經驗與技巧。這樣的認識顛覆了以往只將身心障礙者定位為服務使用者的觀念，並為這些人爭取成為專業人員的機會。

　　在志工組織中，漸漸出現了很多由身心障礙人士提供服務的計畫案，雖然就諮商服務而言，全國仍然只有非常少數的組織中讓身心障礙者任職、管理部分的專案。

　　數年前在英國萊斯特郡，一群身心障礙人士發現有必要由他們自己來提供諮商服務給其他的身心障礙同胞。根據自己的生活經驗，以及與其他身心障礙者接觸的經驗，他們認為，身心障礙者極需要取得諮商的管道。同時，他們也相信，由非身心障礙者所提供的諮商服務並沒有太大的幫助，因為這些諮商員畢竟無法真正了解身心障礙者的需要與生活。此外，非身心障礙者對於身心障礙的看法，往

往會陷入醫療模式的窠臼，而非以失能的社會模型來了解失能者。

身心障礙的社會模型強調環境與社會如何限制了這些失能者，使其無法獲得同等的社會參與機會：

● 無法提供滿足需求的管道；
● 缺乏對身心障礙的認識；
● 普遍的態度使身心障礙者受到貶抑、缺乏權利，並且沒有受到公平的對待；
● 缺乏公平的社交、教育與就業管道。

如果不清楚地考慮諮商服務在這方面的問題，似乎存在著把責任推給身心障礙者之虞，而使整個問題變成個人層次、而非社會層次的問題。

面對身心障礙者的諮商工作，必須兼顧個人與社會的觀點，使兩者達到均衡，這是一件重要的工作。不管是社會層次的觀點—如缺乏管道或認識身心障礙，或個人層次的觀點—例如性、痛苦、失落，都不應該受到忽略。

觸角（Antenna）是一個志工組織，從 1996 年開始，該組織便由身心障礙者擔任工作人員，並且負責為身心障礙者提供諮商服務。不管是曾經使用

過、或正在接受我們的服務的人，都認為這是整個
專案中最重要的面向。

（Liz Mackenzie, Antenna Coordinator 1998）

賦權與社區照護法案

從 1990 年英國健康服務與社區照護法案（NHS and Com-
munity Care Act 1990）中，可以明顯看出賦權理念與社工實
務之間的緊張狀態。在早期的執行階段，資源短缺與需求導
向之間的角力，一直是討論的主題。Browne（1996）明確指
出資源短缺的問題與缺失：應該告知使用者至何種程度；應
該讓使用者介入程序中至何種程度；書面紀錄協議的缺失；
行政程序令使用者難以理解。Deakin（1996）認為，資源短
缺（限縮了使用者選擇的權利）、定義不明與程序障礙（滿足
誰的需要？使用者或照護者？如果兩者有衝突時，應該怎麼
辦？）、以及服務使用者的選擇（如果管理者以準市場
（quasi-market）的概念來操控與使用者之間的契約，使用者
如何會有選擇的餘地？）等諸多問題，使賦權的重要性遭到
抹煞。Deakin 的結論是：「整個社區照護工作並未將使用者
放在中心位置。」

平心而論，在這種氛圍下，社工人員往往淪落到只能各
憑本事、有技巧地向人們說「不」。這樣的事情不應該、也沒
有必要發生。社工人員的人際溝通技巧，不僅要讓使用者表
達他們的看法，也應該幫助使用者運用質疑與鼓吹的口語技

巧,爭取自己所需要的資源。

賦權的諮商技巧

在面對個人的問題時,案主最好能在支援者的協助下,尋求自我引導的解決方案。不管對諮商實務、或對社會工作的賦權實務來說,這都是一個極端重要的概念。社工人員必須在機構所規範的職權架構下工作,不管該架構是以顯性或內隱的型態存在。在機構的角色與大眾的期許之間,存在著一種具有建設性、挑戰性、壓力性的緊張狀態。如果諮商員認為少了強大的官僚體系作為後盾,自己就一點力量也沒有——這是誤入歧途的想法。事實上,諮商員經常被視為擁有知識與資源的「專家」,例如,他們可以選擇是否提供協助、提出長期或短期的契約或轉介建議等。

在任何協助性的互動中,對於實際的權力動力都必須有所認識。倘若無法對權力的微細或外顯構面有所察覺,可能造成案主的損失。在社工機構裡,工作人員可以運用人際技巧建立關係,並且在不踰越機構訂定的限制內,盡可能地鼓勵案主、對案主賦權。同時,工作人員也可以運用鼓吹與挑戰的技巧,耐心而持續地幫助案主建立自尊,使他們在家庭系統與社區內達成目標。除了個人對案主的輔導以外,社工人員也可以介入、操作資源,使案主為達成目標而付諸行動與努力時,可以獲得外在的支持。

▸▸　**實務範例**

以下敘述一名工作人員如何利用諮商、鼓吹、及其他技巧，為一名身心障礙女性和她的家人達成目標，使她能夠走出家庭，在社區內扮演積極的角色。這項介入行動為一個有學習障礙的成人，拓展生活經驗並創造社交機會，可以說是成人服務工作的典型案例。

社會服務局從醫師手中接獲一個個案，並安排一位工作人員負責處理。珍‧哈莉斯從前曾經向該局求助，希望能夠獲得參加日間活動的機會。不過，她的申請案並沒有被核准，社福系統並且就此封鎖了珍尋求資源的管道與機會。珍的家人於是向他們的家庭醫師（G.P.）求助，這位醫師堅持由社工人員介入。社工人員發現珍在尋求服務的歷程中，因為她的能力受到偏見的懷疑，所以未能獲得服務。這件事造成珍的低度期望，她的機會受到剝奪，並產生負面與受到貶低的經驗，進而產生更負面的自我評價與期待。換句話說，她經歷了失權（disempowerment）與 Solomon 和 Seligman 所說的習得無助感。

工作人員決定以系統理論為架構來了解她的案主，此外，她也思考了身心障礙模型、過渡理論（transition theory）、正常化（normalization）原理、賦權原理、及自我心理學等學說。她的主要目標是促使珍有更多權力選擇她所需要的服務，使她能夠以自己所希望的方式參

與社會，並且擴充她的力量與利益。因此，工作人員在
英國 1990 年社區照護法案的架構下，從事需求評鑑，
企圖協助珍和她的家庭達成他們的目標。

在第一次的訪談中，工作人員運用同理心技巧，了
解珍對自我與環境的看法。開始的時候，她傾聽珍的母
親——艾達・哈莉斯忿忿不平地敘述前一次申請日間護
理的經驗，不但沒有得到任何服務，連有用的建議也沒
有。面對一般的抱怨，工作人員在情感層次上以歸納來
反省這件事情爲整個家庭帶來的打擊，以及備受排擠的
感覺。她花了一些時間讓他們抒發感受，並且主動地傾
聽、做出精確的回應，並且以歸納來表達精確的同理心。
她接著說明機構過去爲什麼會作出這樣的反應（服務的
檢討），並且告訴他們如何運用申訴管道。

建立關係之後，就要進一步了解這個由六個成員所
組成的家庭。在這個階段，案主顯得很安靜（注意肢體
動作），通常不太回答問題。首先，工作人員仔細地傾
聽這個家庭所表達的感受與想法，並從中得知珍生長在
一個封閉而保護的家庭，除了家庭以外，她很少有其他
領域的生活經驗。雖然以前她都自己上學，但是現在不
管她去哪裡，父母都會載她。她曾經有一段短暫的工作
經驗，不過都是在姊姊的照護下進行。珍並沒有上大學，
也沒有獨自去過任何地方。家庭醫生鼓勵這一家人思考
未來，並且建議讓珍參加家庭領域以外的社交活動。工

作人員**聽完**之後表示支持醫生的看法。在訪談最後，她透過珍的母親得知，珍喜歡跳舞和烹飪。

　　珍近來沒有任何超越家庭網絡的生活經驗，她曾經向家人表示，她擔心自己「和別人不一樣」。工作人員已經和艾達・哈莉斯建立不錯的關係，但是希望可以建立和珍之間的溝通管道，以了解她對自己的情況有何看法。她認為珍對自己有負面的自我評價，所以打算使她了解自己也擁有一般成人的權利。這涉及支援與自我形象的建立。工作人員於是在訪談中鼓勵珍多談談自己的事。對於這些家庭成員來說，這是一種挑戰，需要運用**鼓勵性的肢體語言和最小量的刺激**（minimal prompts）等技巧來協助他們。

　　當工作人員開始與珍溝通，她了解珍以前曾經前往一家日間活動中心，那是一次不愉快的經驗，使珍打消了參加這些活動的念頭。因此，工作人員兩度告訴珍，她可以對任何她不想做的事情說不，並且**宣稱**珍有選擇的權利。她運用無行話的語言（*jargon-free language*）來傳達訊息，例如：「妳只要去看看喜不喜歡就好」或「想去的話再做決定」等。

　　工作人員於是開始搜尋社區資源，她發現當地有一個讓人們聚在一起聊天的地方，那兒的氣氛很輕鬆，並且經常舉辦一些課程或活動。珍拒絕這項提議，而工作人員也接受她的決定，接著並把重心轉移到珍對烹飪和

舞蹈的興趣。社工人員知道當地有一家學院舉辦烹飪課程，但是因為一些行政上與時間上的問題，導致為珍安排一次試訪顯得有些困難，於是工作人員相當程度地運用鼓吹技巧，最後終於還是讓珍搭乘公車到學院去看看。後來工作人員仍持續訪視珍的家庭，以維持彼此間的聯繫。

在工作人員和珍的直接對話中，工作人員運用**開放性問題與釋義**，以確認她的意向，並且維持彼此的關係（並且包容了對話中的暫停與沉默）。珍談到自己在家喜歡烹飪。最後，她們找到為特殊需要者提供的烹飪課程，使案主可以有機會親自參加。珍表示自己很喜歡這項活動，並且希望繼續參加。珍從學校畢業之後就不曾參加過家庭以外的活動，對她而言這無疑是跨出了一大步。接下來，她更計畫要參加附近一所小學校的創意藝術團體。

工作人員對這份工作投入大量的時間，以**同理心與連結**的技巧來了解珍和她的家庭。她認為，珍覺得自己被貼上標籤，而她和家人都以身心障礙的角度來看待自己。有好長一段時間，珍拒絕和家人說話，藉此表達她的不滿與沮喪。工作人員必須用同理心和**溝通技巧**來建立信賴感，並且直接由案主確定自己真正的需求與感受。

在此，工作人員利用 Berne（1961）所提出的「父

母—成人—兒童」互動模式，來改變珍和家人的互動：
從父母—兒童的模式，轉變為成人—成人的模式。工作
人員以成人—成人的互動方式，針對珍的力量與權利，
來形塑珍與家人的互動模式。對防衛的了解使工作人員
知道珍對於前往新地方的焦慮不安，是來自於過去的不
良經驗。以前並沒有人告訴她「只是去看看就好」，所
以她覺得自己可能會「被丟在那裡」。只有在工作人員
花時間傾聽珍的焦慮並仔細地探索之後，這個訊息才終
於浮現。在工作人員進行「鼓勵與賦權」的歷程中，她
總是注意地確認案主的想法並鼓勵她說出看法。唯有了
解這個家庭、與之建立夥伴關係，並且藉著包容、討論
案主的沮喪，才能消除一開始的敵意，使他們肯定這項
介入行動。

　　這個案例說明，有技巧的人際互動可以建立信賴感，
並且鼓勵、促進使用者跨出關鍵的一步，以實現目標，
並減輕挫折感，同時，珍也因此擴充了自己的力量。透
過謹慎、有計畫的介入，工作人員可以同時而無衝突地
促進珍與家人的權利。透過工作人員的居中協調，珍和
家人找到了解決方案。相較於前一次的官僚式回應，社
工人員提供了更有效的服務。

　　社會工作中的賦權和鼓吹可以透過諮商技巧來進行。
Neville（1996）提出社工賦權的方格模式，以作為社工人員

的工具，但他也清楚指出：此模式之實用性「在於提供一個
架構來分析一件工作是如何完成的」，它不能用來作為賦權績
效的客觀測試工具，因為「只有案主才能決定這一點」。

此一架構指出：

● 案主希望獲得力量的生活領域；
● 為了讓案主在這些領域中獲得力量，社工人員必須提供
  哪些管道；
● 為了讓管道發揮效果，機構與社工人員必須提供哪些支
  援；
● 提供案主有效支援所需要的社工技巧，包括傾聽、同理
  心、鼓吹、尊重、諮商、抗壓練習、使用者涉入、協商、
  及安撫。

此一方格模式係由針對機構、社工人員、訓練課程、使
用者與學生團體進行研究之後所得到的結果。完整的方格架
構請見本書附錄。

▶▶ **實務範例**

當社工人員在保護案主免於遭受危難的同時，又要對其
加以賦權，這將是一項棘手的任務。以下的案例中顯示
出道德的困境。社工人員雖然必須藉由法律的力量保護
涉案兒童，但是並不意謂著諮商技巧和案主取向便因此

而沒有發揮的空間。

　　一位母親將兩個稚齡的小孩—分別為三歲和五歲，交給年邁的雙親照護，然後好幾個月都不見蹤影。在這件事情發生之前，社工人員曾經到孩子父母租來的公寓裡幫助他們照護兩個小孩。孩子的父親因為吸毒入獄而無法提供照護。由於該名父親的吸毒問題及其生活方式對孩子可能產生不良影響，這件案子一直斷斷續續地受到注意。

　　祖父母考慮到自己的健康狀況並不允許他們照護這兩名幼童，於是便與社福機構聯繫。幼童的父親顯然沒有任何親戚可以幫忙照護小孩。母親回來之後把小孩從祖父母家帶走，由於她被房東從住處驅逐，所以只好帶著孩子不斷地從一個朋友家搬到另一個朋友家。

　　最後她顯然走投無路了，而且似乎還是有吸毒行為，她帶著兩個孩子回到父母家，住了一個星期之後，她便隻身離開。又過了一週之後，年事已高的祖父母請社福機構照護兩個孩子，雖然社福機構的確提供了一些支援，但是卻沒有太大幫助，所以祖父母只好把孩子送到孤兒院裡。過了幾個星期之後，孩子的母親回來將孩子從孤兒院裡帶走。

　　接著，她又帶著孩子開始四處流浪的生活，直到有一天警方在深夜的路旁發現了她，當時她身無分文，而且似乎有吸毒的狀況，完全不理會身邊的兩個小孩。於

是，孩子又回到孤兒院，不同的是，這次孩子取得了緊急保護命令的庇護。隨後，社福機構申請暫時性的照護命令，並且評鑑孩子長期的未來，以期促進孩子的權利與福祉。他們認爲，穩定性對孩子來說越來越重要，兩個孩子已經可以大到可以進入托兒所，而且已經出現了遭受苦難的行爲徵兆和身體受到忽視的現象。

在這個階段，一名親戚—孩子母親的姊妹（社福機構原來並不知道她的存在），表示願意照護這兩個孩子。她已有自己的家庭和年紀較大的孩子，並表達了提供協助的意願。於是她和她的家庭接受評鑑。接著，兩個孩子在社工的督導與支援命令下，被安置在阿姨的家。此時孩子的母親行蹤成謎，但是獄中的父親獲知此事後則表示同意這樣的安排。雖然父母親仍然保有探視的權利，但是當孩子的母親回來得知此事之後，對孩子的遷移與法院的命令感到非常憤怒。

社福機構努力地幫助母親發展照護孩子的久遠性基礎，可惜並沒有成功。儘管孩子看起來很有活力，但是過去的生活方式對他們的影響卻仍然存在，他們需要家庭和學校提供持續而穩定的照護。目前他們似乎快樂地安頓在這個延伸的家庭環境中，同時也偶而和祖父母及生母保持聯絡。

這項工作是爲了「推動和促進」孩子享受安全撫育的權利，它需要相當多的技巧，也必須對法律和行政程

序有所認識，同時更要充分了解父母與孩子的權利與需求。除了在法律架構下行事以外，也必須具備高度的人際溝通技巧。

首先，社工人員必須仔細地傾聽所有關係人的看法，並且不違背以兒童為中心的取向，兒童法案要求社工人員應該和父母及其他親人一起努力促進兒童的福祉。其次，釋義與回應的技巧也是必要的，特別是當有必要做出具有爭議性的決定時。在本案例中，他們運用反省和直接面對的技巧，以確認每一方都了解社工人員之行動的理由。

蒐集資訊以從事評鑑，需要使用提出問題的技巧，並且結合其他技巧以探討各種選擇。運用面質與挑戰質疑母親是否有能力滿足孩子需求的同時，還必須維護彼此間的聯繫與合作關係，這是很重要的技巧。在這種情況下，儘管工作人員試著和母親、祖父母保持合作關係，但是該名母親仍然對於照護命令感到生氣。雖然當初是由祖母向當局求助，但是此項法律行動無可避免也會令這位祖母覺得受到否定，因此，工作人員應該要幫助祖母了解，她的健康狀況並不適合照護孫子們，為了讓孩子可以過著更安定的生活，不得不做出這樣的決定。在此用到的是處理與包容強烈情緒與一些自由討論的技巧。至於孩子父親也被納入歷程中，他的意見受到詢問，同時也協助表達自己的想法。

在整個歷程中，社工人員選擇採用個人中心取向，但並無損及本案件的兒童中心性質，那是因為工作人員了解，家庭中的每個成員都有其價值，而且可以用合理與適宜的方式來詮釋自己的生活。然而，社工們也必須承認，以機構的觀點來說，這名母親並沒有能力持續照護她的孩子。因此，這個明確的決定能促進、提升孩子受教育及免於危險的權利，同時也至少造成兩名成人必須承受痛苦與失權的經驗。

這個例子指出了社會工作如何在困難的情境中使用諮商技巧。要注意的是，不要以這些技巧來操作、說服或給予虛偽的保證。在工作的任何階段，都應該對事實與行為保持誠實的態度，對於不同意或顯然不可行的事情，也要誠實表明。謹慎且合乎道德地運用諮商技巧可以促進必要的互動，並且使與各方的協商透明化、明確化。

在這個案例中，社工人員運用接納與不批判的作法來處理這對父母所遭遇的困難。在他們有能力撫養孩子之前，為孩子另找出路，這是不容易的決定；社工人員、孩子與寄宿家庭都必須知道，孩子的親生父母仍有可能重新取得對孩子的照護權利。將孩子安置在一個延伸家庭中，比讓孤兒院來照護孩子，前者比較不致於和親生父母失去聯繫。

同理心、包容強烈的情緒與敵意、誠實而清楚地溝通、釋義、歸納和確認意義、瞭解防衛行為、分裂（splitting）與

投射等能力與技巧，都可以發揮功能。社工人員面對父母在痛苦的決定中所經歷的憤怒與痛苦，應該妥善而有技巧地予以回應。根據英國 1989 年兒童法案的規定，當小孩必須與父母分開時，只要不會對兒童的健康與發展造成嚴重傷害，社工人員應該盡可能與父母保持積極的聯繫，並且給予支持，促進他們重新取得照護小孩的能力。當父母傷害小孩時，社福機構必須採取果斷的行動，並且清楚地說明行動原因。

　　在面對身心健康與刑事判決等情境中採行賦權與鼓吹等概念時，也有著類似的限制。在這些情境中，技巧的運用必須與社區照護緊密結合，並且正視犯罪的行為和結果。志願性或社區性的機構通常比較善於使用賦權與鼓吹的諮商技巧。有些機構的設立，正是為了確保那些受到國家法律箝制的人仍有機會使用服務。諮商技巧也可以用來促進社區活動的改變。

▶▶　**實務範例**

> 以下的例子出自於一個諮商論壇的書面紀錄。Pushpa Gandhi（1996）提出一個「創新而開放的論壇空間，讓老人不必非得透過專業人員才可以表達自己的需求。」從賦權理念出發，利物浦社會服務局在一個弱勢族群的社區裡設立一個諮商論壇，讓老人可以表達他們所需要的服務。利用小團體的機制運作公開的參與系統，人們可以表達他們的看法，同時也獲得被傾聽的機會。Gandhi

（1996: 13）指出，從這個工作中她得到的最重要訊息是：

● 如果想要建立真正的關係，我們必須走出去，找出和服務使用者、照護者、與代表者溝通的方式；

● 即使有許多研究和書面文獻專注於提升對弱勢族群的服務，仍然不足以滿足他們所需要的基本服務；

● 唯有藉著傾聽服務使用者的心聲、將他們的期望融入未來的政策與計畫中，才能賦權給使用者；

● 即使這樣的論壇沒有獲致任何具體的結果，仍然使服務使用者和專業人員意識到他們的需要，以及當前制度的缺失。

鼓吹

　　鼓吹（advocacy）指在了解案主的期望之後，為了促成這些期望的實現而進行的活動。鼓吹可以用來協助人們，使其具有更多力量從別人或機構身上取得某些資源。工作人員可以運用自己的力量或影響力，幫助別人實現願望。Bateman（1995）認為，鼓吹是「以習得的技巧為基礎之連續性活動」。社工人員經常對案主從事鼓吹活動，以督促其他機構善盡責任。 Bateman（1995: 25-41）提出鼓吹技巧的六個實用原則：

- 以案主最大的利益而行動；
- 配合案主的希望與說明而行動；
- 適當地讓案主了解情況；
- 以努力與能力執行任務命令；
- 遵守保密規定。

　　在這些活動中，工作人員發現，仔細的傾聽、熟練地提出問題、精確而清楚地回應，以及了解非語言面向的溝通等，都是很有效的做法。

結論

　　專業人員在試圖促進、賦權、擴充使用者的力量而從事鼓吹活動之前，必須先使他們的傾聽、回應與連結等諮商技巧發生效果。倘若在工作歷程中未能善用諮商技巧，可能導致服務需求與結果之間的不一致，同時也加深了對賦權的期望與失望之間的落差。正確的鼓吹行動必須以精確的傾聽和回應為基礎。

第四章

評鑑與規劃

社會工作的評鑑是從事規劃與決策的起點，也是健康、教育、志工組織的服務，社會服務、居家、補助機構、及其他公共服務等專業活動的基礎。評鑑可以透過電話進行，也可能以非常廣泛而全面的方式完成。評鑑是爲了規劃輔導工作，並且協助專業人員和服務使用者做成決策。CCETW 對此有所體認，因此要求合格的社工人員必須具備以下的能力：

> 以夥伴的合作方式對個人之處境從事評鑑與檢討，以便規劃出對需求與風險之回應。　　　（CCETW 1995）

評鑑通常有書面架構的指引，這個架構可能有以下幾個重要成份：

● 以研究、文獻與實務所獲得之知識爲基礎；
● 以證據爲基礎，特別是關於人類發展、家庭功能及個體所處的環境；
● 以切身、整體、及個人中心的需求概念來構築；

- 與相關的立法原則相容；
- 所使用的理論、模式與方法必須明確；
- 能夠加以發展與評價。

　　社會工作包含評鑑、介入與評價等循環性的活動，進行時有必要確認目標、運用方法並且動員資源。這些循環必須在合法、有組織、合乎道德的範圍內進行。評鑑是想達成某項結果時所採取的第一個步驟，並非像某些工作把評鑑當成結束。很重要的一點是，評鑑的手法與歷程，可能是成敗的關鍵。當前的評鑑實務受到了一些理論與方法的影響，以下將分別簡述。

社會工作評鑑的起源

　　早期的社會福利工作報告參酌醫學理論並發展出「社會診斷法」（social diagnosis）的概念（Richmond 1922; Hollis 1964）。這個聚焦在個人身上的評鑑模式一直援用到七〇年代早期，不過，人們逐漸體認到社會情況對個人造成的影響。Haines（1975）認為，社會工作評鑑是「一種評鑑社會狀況，並以似乎最有效的方式加以介入的能力」。他把社會工作歷程加以概念化成「評鑑、行動、與評價」，其中評鑑的目的在於：「盡可能蒐集大量關於情境的資訊，並且找出一些對案主有

意義的觀點，以及對行動的涵義」（Haines 1975: 16）。

　　Haines 的研究在七〇年代晚期由 Curnock 和 Hardiker
（1979）再作進一步的闡釋。評鑑被概念化成一個過濾裝置，
工作人員以此衡量、篩選資訊，以規劃他們的介入工作。評
鑑的階段包括：

● 　資訊的取得；
● 　研究事實與感受；
● 　均衡與明確的闡述；
● 　設定目標的策略；
● 　介入。

　　Curnock 和 Hardiker 以實證研究來建構此一評鑑模式，
這些實證研究的對象包括在兒童照護、心理健康、緩刑觀護
等情境的工作人員。他們將評鑑的要素界定如下：

● 　架構；
● 　溝通；
● 　風險的損益表；
● 　需求與資源；
● 　設定目標的策略（Curnock 和 Hardiker 1979: 162）。

　　他們認為，這些階段可能彼此重疊，以及評鑑並不是一

種靜態的功能。工作人員所依循的典範（或理論架構），是評
鑑工作的知識來源，而訪談計畫表的設計則是這些知識的整
體反映。

Compton 和 Galaway（1989）在其經典作品《社會工作
程序》（Social Work Processes）一書中，進一步發展評鑑的
概念，該書對於社會工作的理論與實務影響至深。他們認為，
「評鑑的最終目的是爲了促進必要的認識，以進行妥善的規
劃」（Compton and Galaway 1989: 414）。他們提出評鑑的數個
面向：

● 目的與歷程；
● 進行評鑑；
● 探索問題；
● 爲情境賦予意義；
● 感受與事實。

這些領域都獲得進一步的探討，並且與社工活動加以連
結。此一架構爲工作人員提供了一個有效的實務工具。

Pincus 和 Minahan（1973）、Specht 和 Vickery（1977）、
Coulshed（1991）與 Meyer（1993）等人進一步發展出類似
的評鑑架構，並且在社工研究文獻中受到廣泛的引述，同時
更被運用在各種工作領域中（Taylor and Devine 1993; Thompson 1995; Sinclair *et al.* 1995）。性質上來說，這些架構是有關

工作人員如何與人們互動以取得重要資料,以及如何與服務
使用者一起想辦法達成特定的結果。

　　然而,在執行評鑑的原則似乎已建立完備之際,相關目
的與理論之基礎卻朝不同的方向發展。七〇年代,有關評鑑
的意識型態出現了重大的轉變—從過去以診斷爲焦點,轉而
強調在整體性與需求驅動的架構中,去了解案主的觀點(White
and Epston 1989; Meyer 1993; Lloyd and Taylor 1995)。這些取
向強調發掘個人的力量,而非探討其社會性的功能不良
(dysfunction); 他們著重於評鑑案主目前具備的力量,並
且爲問題尋找成功的解決方案(de Shazer 1985)。有些模式
甚至由服務使用者的口述或故事來決定評鑑的歷程(Franklin
and Jordan 1995; Laird 1995)。

　　從社會性功能不良的診斷學,到把案主當成自我處境的
「專家」,似乎可以看出評鑑模式的發展光譜。不同取向對評
鑑的不同主張,使診斷說(排除/病徵)與社會說(接納/
力量)之間產生了緊張狀態。在實務上,使用不同取向與評
鑑的脈絡與目的較有關,與各架構在性質上的差異較無關。

　　當前的社會工作實務有兩個主流取向:風險評鑑(risk
assessment)與需求導向評鑑(need-led assessment)。

風險評鑑

　　目前各種不同的評鑑取向都已經廣泛地運用在社會工作

活動中。然而，有關兒童及其家庭的評鑑，在過去廿多年來
都由風險評鑑模式主導。此模式強調家庭的機能異常，而非
家庭所具備的力量。這種趨勢並不難理解，因為自從 1973 年
Maria Colwell 死亡事件之後，工作人員對於自我角色的認知
在根本上反映了大眾對於避免兒童死亡的焦慮。無力保護兒
童免於危難受到高度渲染，促使專業人員建立一系列的指標
與預測值，宣稱可以評鑑兒童在家庭中的安全程度。

　　無獨有偶，成人服務一方面著重於失能者或老人等脆弱
族群之安全，另一方面，患有精神疾病者對自己或別人所造
成的風險，也是關切的重點。而觀護制度的關注點則在於，
如何才能準確地評鑑社區機制監督緩刑犯人對於社會大眾造
成的風險。因此，如何設計評鑑量表便備受各界關切：父母
對兒童之危害風險、假釋犯人對社區造成之風險、某些成人
對自己及別人之風險（Kempshall and Pritchard 1996; Prins
1995; Home Office 1997）。

　　以目前的發展與執行來說，風險評鑑量表提供了一系列
的預測指數，並且根據過去的資料，歸納出可能導致危險行
為的因素。這些量表提出了因素的集群圖表（map of clusters of
factors），當這些因素聚集在一起時即代表需要加以關切。這
個取向的缺點在於，儘管此量表之設計與評鑑能力似乎更精
緻而進步，但是相關變項及各變項之間的關係是如此複雜，
導致於每一項決策幾乎都需要仰賴高度專業的判斷與質化的
評鑑取向。有些相關研究資料可以用來輔助此等決策（Schon

1983; Dowie and Elstein 1988; Schaffer 1990; Lindsey 1994; Yelloly and Henkel 1995）。

危難兒童及其家庭之評鑑架構（The Framework for Assessment of Children in Need and their Families）（Department of Health, 2000）是負責兒童與家庭之社工人員廣泛運用的評鑑架構。該架構採取人類發展的評鑑取向，將兒童置於較寬廣的脈絡裡。然而，如果要妥善地運用這種架構來從事複雜評鑑，社工人員必須具備相當程度的技巧，包括提出問題、蒐集資訊與回應等，才能為案主促進良好的結果。

▶▶　**實務範例**

一名社工人員運用良好的諮商技巧，對一名青少年進行社會工作評鑑。蘇菲（十三歲）被診斷出患有青春期神經性厭食症（anorexia nervosa），她從十一歲起就已經出現了病徵。臨床醫師認為她可能處於忽視風險（risk of neglect）中，於是將此個案轉至社會服務機構。她的父母對女兒的日漸消瘦束手無策，於是要求進行社會工作評鑑。

社工人員初步評鑑的重點在於，和父母一同考量她們照護女兒的能力、對女兒狀況的處理及一般性的家庭關係。在蘇菲的處境中，他們發現一件事：蘇菲對四歲的妹妹懷有強烈的忌妒。在進行此一社工評鑑的同時，蘇菲仍然持續接受英國健康服務署（NHS）醫師的治療。

　　評鑑的初始階段可以說是家庭歷史的編輯，要獲得相關資料是一件耗時的工作，而且高度仰賴工作人員的耐心與毅力。這些孩子的父母對於一些似乎在「怪罪」他們讓孩子變成這樣的暗示，可能非常敏感，所以無法將評鑑視爲了解過去、規劃未來的機會。工作人員必須了解、包容父母的感受。

　　爲了讓服務使用者投入歷程，工作人員必須選擇**主動傾聽、釋義、歸納、運用封閉性與開放性問題**等技巧，來確認訊息，並且加以探討。工作人員認爲保持開放而接納的心胸很重要。在這個階段，選擇使用何種技巧會影響資訊的內容與來源。如果工作人員太常插嘴或急著強調某些問題，可能會封鎖了父母的說明而喪失獲得重要資訊的機會。同時，透過適度的**聚焦、歸納與釋義**，可以避免重複在一些問題上打轉太久。這些都需要技巧與判斷力，以及對於歷程中潛在的選擇性有所了解。

　　下一個步驟是運用**不批判的接納**，以便了解某些關係與行爲對於家庭功能的影響。立場是很重要的，因爲如果父母覺得自己受到非難，他們可能築起一道道防衛高牆，不容易考慮改變的可能性。當歷程繼續進行，工作人員針對這對夫婦似乎把重心放在家庭以外的事務而導致蘇菲的困境，對他們提出質疑。工作人員接著開始將這對父母過去的經驗和行爲連結到目前對蘇菲的教養方式，希望有助於他們思考未來如何面對這些問題，例

例如兩個小孩之間的敵對情緒。

在這個階段中，工作人員之評鑑的治療取向突然喊停，因為機構主管在醫師的慫恿下，考慮要法律程序促使該家庭更妥善地照護蘇菲。工作人員對此表示反對，她認為目前並不適合進入法律階段，她的直屬上司同意這個看法，但是卻導致醫師與地方政府之間的信任感喪失。不過，最後是由地方採取較溫和的方式為蘇菲提供醫學照護。

評鑑的功能在於釐清入手的做法，而這些做法是與家庭、社會服務機構與新的臨床醫師共同規劃時所依據的基礎。諮商技巧──如同理心的了解與真誠，使工作人員在面對威脅家庭存續的危險時，可以和整個家庭保持結盟的關係；然而，在促使家庭檢視自己的動態時，質疑與面質可說是非常關鍵性的技巧。工作人員強調，如果想要進行改變，並且了解什麼才是對女兒最有幫助的做法，這個家庭的成員在未來與治療師共事時，一定要誠實地面對問題。

這一種在法律架構下進行的評鑑，需要有細緻的人際技巧，若僅僅仰賴評鑑程序，將無法如 1989 年兒童法案所述，以不具侵略性的介入方式和家庭建立一種合作的聯盟關係。

風險評鑑的再評價

　　近年來的研究對此一取向漸漸出現批評的聲音，有人認為風險評鑑取向的問題在於未能將資料加以區隔（Wald and Woolverton 1990; English and Pecora 1994; Corby 1996）。Lyons 等人（1996）檢討了十種風險評鑑模式及其實用性，他們對 Corby 所提出的警語也表贊同，並且一致認為此等模式的確有待進一步的發展。同樣的，Gaudin 等人（1996）也認為風險評鑑模式不夠完善，無法有效督導個別案例的管理。Corby（1996: 27）的結論如下：

> 兒童保護評鑑是在宏觀與微觀的層次上，都受到很多的注意之脈絡下執行的。就宏觀的層次而言，在何種情況下應該為了保護兒童而介入家庭，仍然是一個高度不確定的問題。這是價值觀的難題，就算風險評鑑再怎麼科學化，也無法解決這個問題。在微觀的層次上，也許因為社會的矛盾，專業人員並無法如其所願，想達成理性而全面的評鑑仍存在著許多障礙與限制。
>
> （Corby 1996: 27）

　　美國方面的研究還指出風險評鑑的其他問題：執行的不充分與進行評價的困難（Doueck *et al.* 1992; Murphy Berman

1994）。風險評鑑程序在不同的面向上會有所差異並且難以比較，必須考量相關變項，例如評鑑的目的與決策的性質。

澳洲的情況也很類似，1989 年的一項研究認為，風險指標所提供的評鑑架構可以消除大部份特異的決策訂定。但是，沒有所謂「可以完美預測」或「全部掌握」的指標（Dalgleish and Drew 1989）。Dalgleish（1997）進一步評量八個風險評鑑模式，並且發展出另一個模式，該模式將風險的分析與對於可接受的風險程度之判斷及後續的決策加以分離，並考量社工人員的經驗、期望、動機與背景，以期「顯現兒童保護社工人員在不確定性與危險情境中所做的判斷與決定之各個面向」。這項研究對於澄清專業人員使用風險評鑑量表的執行與訓練等議題，有很大的貢獻。

整體來說，檢核表（checklist）在決策時是很有用的規劃工具，但是它們不是絕對的。各種資料所獲致的結論是：由具有資格與技巧的人謹慎地做出理性而均衡的專業判斷，仍然是非常重要。風險評鑑量表的優點是提供一個理性的架構，以檢核危險預測的資料；其缺點則在於，不管設計得如何精密，要評鑑在家庭脈絡下的兒童狀況，仍然牽涉到許多複雜的變項，導致以理論與研究為基礎的專業判斷仍然不可或缺。

唯有具備合法資格、賦權理念、個人技巧的專業人員，才能從事這些輔導兒童與成人的任務，包括收集與評鑑資料、並與服務使用者與其他專業人員一同擬定計畫。有關父母教

養、家庭成員在有/無外來介入的情況下能否彼此支持鼓勵
等問題，必須在個人層次上進行判斷。此時，人類發展的知
識，以及由心理諮商取向衍生的語言能力，扮演著極為重要
的角色。

▶▶ **實務範例**

本例說明社工人員採用英國衛生當局的督導原則，從事
風險評鑑。雖然此項工作的目的是評鑑風險，但是在充
滿角色權威的脈絡下，賦權技巧可以發揮高度助益。這
個例子是社工人員在處理幼兒遭逢難以解釋的傷害時，
經常從事的典型評鑑。

衛生當局建議，在評鑑初期，父母與社工人員應先
進行溝通，確認彼此之間的共識。父母必須了解此一歷
程與可能的結果，也應該知道相關資料將被如何使用、
判斷，或決策之基礎為何。這需要社工人員的知識與信
心，也有賴其運用技巧進行清楚的溝通、並兼具同理心
與權威地傳達訊息。

兩歲的珍妮受到難以解釋的傷害，因此有必要對此
童及其家長進行評鑑。地方政府不確定小孩繼續在父母
的照護下可能產生的風險。她可能受到更嚴重的傷害，
但是警方至今未展開任何調查行動。因此，珍妮的安全
與福利是立即關切的重點。

社工人員認為，坦白是最有力的方法。她採用**直接**

面對技巧，明白地讓父母知道社工人員有必要了解他們的私生活狀況，這可能會令他們覺得受到侵犯而難以接受。以這個方法引導此夫婦分享他們對於兒童保護機構的干涉（讓相關人員密切監督他們對孩子的身體照護）有何感受（開放性問題、公開討論感受）。社工人員所採取的直接面對技巧，和兒童法案所支持的夥伴做法（partnership approach）非常類似。儘管嚴密的監督仍然持續進行，工作人員對於父母的同理心可以使彼此誠實以對，並有助於提升未來的評鑑效果。

　　雖然沒有證據證明傷害發生的原因，社工人員在機構的許可下，著手評鑑該家庭的優點與正面的因素，並且找出問題，然後擬定未來的行動計畫。為了進一步探討父母的教養能力，兩名社工人員分別對這對父母進行個別訪談。負責訪談父親的社工人員認為，是否能夠稱職地扮演一個具有同理心的傾聽者，對訪談順利與否的影響很大。舉例來說，當這名父親談到自己在青春期的痛苦經驗時，工作人員以反映回去（reflecting back）的技巧加以了解，並且將此連結到他為人父親的方式。維持評鑑者的角色並提供治療性的同理瞭解，使工作人員精確地意識到性別動力（gender dynamics）與解決權力動力（power dynamics）的必要。工作人員努力地讓父母相信，當局密切監督他們對幼童的身體照護，是為了證明他們有能力照護孩子，因此這個行動並不會永無止

盡地持續下去。

　　工作人員接著衡量各項風險因素，例如父母的個人背景、目前的社會經濟地位，並且考量如果把珍繼續留在目前的家庭中，是否能夠保護她免於傷害。社工人員試圖維持一種開放的關係。潛在風險的相關考量如下：

● 母親過去照護兒童的歷史，及其憂鬱與焦慮的病歷；
● 父親經常性酗酒；
● 財務困難所導致的壓力；
● 父母的一些爭吵與暴力相向；
● 官方監督的壓力；
● 兩個稚齡幼童佔據母親的時間所造成的壓力。

　　社工人員除了以實際的措施（例如爭取添購家具的補助金或為兩名幼童申請日間照護）幫助父母以外，更提供個人的支援。社工人員與父母一起探討相關的風險因素對於父母目前的教養所造成的影響，最後決定讓珍妮留在家裡，並且持續接受支援與監督。評鑑者的角色給予社工人員相當大的權力，能以支援性的方式介入家庭，必要時更可以把珍妮從家庭裡帶走。

　　工作人員歸納說：

兒童保護工作和控制的關係似乎越來越曖昧。這個看法指出了兒童保護工作所扮演的角色似乎對社會工作傳統的輔導專業提出了質疑。和家庭共事的困難，勾勒出工作人員進退兩難的處境：如何在與父母建立夥伴關係的同時，又能合理地運用其權力。

處理兒童與家庭事務的社工人員應該永遠把孩子的安全放在第一位，並且保護他們免於傷害。為了使歷程進行得更順利，在無傷社工人員的角色與權威下運用人際技巧，並非不可能的任務。本例中的社工人員即運用其能力，與父母建立夥伴關係，進而有效地評鑑兒童的安全，以及與父母一起發展其教養能力。

社區照護的社會工作之評鑑

英國 1990 年的全國健康服務與社區照護法案，對於服務脆弱成人的重心有了重大的轉變。該法案首度訂出一個實務指南模式，與社工歷程中資料的檢核、蒐集與分析一致。該指南清楚地強調需求導向的評鑑，而不是由案主去適應服務。政府的督導原則是，地方政府有責任「整體地評鑑人們對於各種可能的服務選項之需求，而非分別地進行服務導向的評鑑」（Department of Health 1991a）。工作人員守則將這些評鑑

原則加以具體化:「協商評鑑的範圍;選擇場合;釐淸期望;
促進參與;建立信賴關係;評鑑需求;確認資格;訂定優先
順序;取得對於目標的同意;紀錄評鑑」(Department of Health
1991b)。這些要求使工作人員產生了一些緊張與矛盾。

關於需求的爭論

　　「需求導向」(need-led)究竟是什麼,一直是個具有爭
議性的問題。舉例來說,需求究竟是一種劣勢,還是一種可
以要求微薄提供的權利—例如乾淨的水、充分的營養、適當
的保護與居家、無害的工作環境、適當的健康醫療、兒童時
期的安全、重要而基本的人際關係、身體安全、適當的教育、
安全的懷胎與分娩(Doyal and Gough 1991)?或者,需求必
須藉由 Bradshaw(1972)分類學的所有面向來理解:規範允
許的需求、感受到的需求、表達出來的需求、比較後的需求。
整個文獻充斥這類的問題:什麼是需求?由誰來定義?一個
系統要達到何種程度才算是需求導向?也有人認為,未受到
滿足的需求很少受到嚴肅的檢視,而總體需求與個體需求之
間的關聯性也未詳細整理(Percy-Smith 1996)。

差異化的評鑑取向

　　各種利害關係人對於評鑑一直持著各種互有差異的看
法。管理者可能將評鑑視為將有限資源做最有效運用的重要
工作;社工人員可能視評鑑為回應案主需求的工具;至於服

務使用者與照護者可能並不清楚評鑑的功能何在。有關「評鑑應該配合需求與資源」的概念，存在著不少疑惑，因爲評鑑似乎並未以既有的資源供應爲指引；此外，也有人憂心評鑑只會淪爲決定配額的工具（Powell and Goddard 1996）。

由中央或地方來定義評鑑模式？

由於沒有中央制定的模式可循，未能將需求和特定領域的政策連結，也未能擬訂提供的上下限標準，因此，有人認爲很難讓兩個地區達到平等（Percy-Smith 1996: 64）。英國 11 個地方政府組成的團體則採取不同的觀點：「從過去一起從事評鑑與照護管理的經驗中，參與者的結論是，沒有人可以代替地方政府根據當地的特殊情況與經驗，找出解決的方式。認清有必要發展出地方性的做法，是很重要的」（Beardshaw 1991）。因此，中央政策督導與地方自治之間，必須找到平衡點。

跨學科的界線

社工照護與健康照護之間的界線仍然存有爭議（Browne 1996），這會影響到跨學科配合工作的績效。然而，確認出不同學科的涉入，未必導致服務的整合。因此，從事評鑑的社工人員必須考慮法律架構、程序指南、資格的標準、在地資源、及社工取向之間的關聯性。

社工人員必須仔細地傾聽別人表達的需求，並且利用口

語技巧向服務使用者提出最適合的服務。有人認服務導向的
提供既耗時又昂貴，然而，如果仔細地向使用者說明他們擁
有的選擇，他們便不會中斷原先同意的服務，因為他們會覺
得難以拒絕，或在壓力下不得不接受。如果未能謹慎地進行
訪談就草率地擬訂計畫，那麼，相較於一開始就花時間仔細
傾聽、給予需求導向的回應、處理抱怨、再三協商，耗損的
時間和資源將會嚴重許多。

　　成人服務的社工人員說，他們可以有效地利用人際技巧
來均衡地處理需求與資源的問題，而這也是法律對地方政府
的要求。他們也需要面對遭逢危機的家庭，因此，諮商技巧
能夠促進這些工作的進行。

▶▶　**實務範例**

不管實務的原則有多好，人類的處境是如此複雜，程序
手冊不可能完全涵蓋。因此，工作人員必須採取具有彈
性而整體的取向來執行任務。以下以一名成人服務人員
的豐富經驗為例來說明。

　　在工作中，我們不能將人們從他們重要的關係中抽
離；他們是互相關聯的。錯綜複雜的關係常常會阻
礙評鑑的有效結果；而健康的關係則會促進程序的
進行。我發現自己在所有的工作中都會使用某些諮
商技巧。在某些關係中，必須廣泛運用各種諮商技

巧，以促進評鑑的進行。

　　有時候我必須對飽受壓力、失落、挫折感與危險經驗的照護者，說明評鑑的理由或程序，以便蒐集相關資訊。此時，我必須先把自己的任務擱置一旁，花一點時間運用諮商技巧，讓對方有機會表達與傾吐感受。我常常發現，用這種方式來確認經驗，可以建立信賴感，並且有助於進行評鑑（討論感受接納、專注的傾聽、微妙的鼓勵、釐清、移除障礙、了解防衛、對於失落的回應）。

　　我會與照護者進行個別的訪談。有時候人們會因此開始思索自己所扮演的照護者角色。這常常是某種諮商的晤談，而且會促成某些轉變。舉例來說，在這些晤談結束時，其中有一個人覺得她自己被服務使用者耍了，決定不再對某種「遊戲」做出任何回應，而且要學會說「不」，將自己從廿四小時的照護工作中釋放出來，以便多照護自己一些。

　　這名經驗豐富的工作人員提醒那些負責對老人、失能者、病患等進行評鑑的社工人員，必須要具備傾聽、注意的技巧，以關注對方的悲傷以及對方面對失落、死亡、垂死、精神異常、及與伴侶或小孩分離等狀況所產生的心理反應。此外，對於依賴別人或成為一名照護者在一開始所產生的恐懼，也應讓對方感受他受到瞭解。

刑事判決場合中的評鑑

　　過去十年來對於觀護犯人的評鑑與訪談有很大的轉變，雖然評鑑工作的目的主要還是針對為法庭的判決而提供資料、在社區內對犯人的監督、以及犯人對別人造成的風險。

為法庭所做的評鑑

　　在過去的歷史中，社會調查報告（social inquiry reports）會根據法官的需要，提供人犯的社會背景資料。如果有「替代監禁」（alternatives to custody）的建議，法官可能會做成執行與否的決定。從英國 1991 年刑事審判法案以及後續的各種修訂法案（國家標準 1995）實施以來，判決前的報告必須提供下列資料給法庭：

● 犯罪分析（包括動機、過失、對受害人的影響、犯人對於受害者觀點的認識）；

● 犯罪相關資料，即認識犯罪行為與最佳的處理方式；

● 評鑑對大眾造成傷害的風險，即導致進一步犯罪的可能性、風險的程度、犯罪者改變的動機、影響其改變的方法；

● 針對犯罪行為的嚴重性，提出最適當判決之建議，以減低其進一步犯罪之可能性。

介入的評鑑

在過去,人們發現某些需求和犯罪行為有密切的關聯性,例如精神異常、藥物與酒精之使用、失業等;因此,為了減低犯罪行為所進行的評鑑即聚焦於犯罪者的需求,有些研究直接探討引發犯罪行為的思考模式與決策行為,但是整體而言仍流於片斷與不一致。

最近的實務發展著重在「有效的做法」("what works")上,也即,直接介入犯罪的行為模式,並以需求為基礎的次級提供物為後援,後者已逐漸由各種配合的組織來滿足(McGuire 1995)。在報告階段的評鑑,也是介入的評鑑。如果是針對社區監督命令而向法庭提出的建議,內容也會包括社會工作的計畫。事實上,這些發展的另一面也就是對於大眾安全的強調(Home Office 1997; Kemshall and Pritchard 1996)。在兒童、家庭與成人的社會服務工作領域,也出現了很類似的趨勢。

諮商與訪談技巧在實務工作中的涵義

工作人員曾經質疑社會工作取向與刑事判決工作的關係:這仍是社會工作嗎?可以運用社會工作的訪談取向嗎?對於實務有何涵義?

保護與控制並不是觀護工作的新議題。兒童保護工作人員以及受認可的心理衛生社工也必須面對類似的問題。社會工作的精神和懲罰的性質似乎有所扞格,但是這已經是一個

清楚浮現的問題，而非隱藏在觀護的面具之後。這樣的釐清
有助於提高社工人員在權力或權威上的能見度。

因此，評鑑必須考慮犯罪行為的動機與促成犯罪的相關
因素、風險的程度與種類、改變的動機與能力、以及是否適
用特定的做法。評鑑訪談的重點必須非常明確，而且需要挑
戰、測試犯罪者的信念與態度，這是涉及動機的訪談（Millar
and Rollnick 1991）。要注意的是，犯罪者是否認為社工人員
的行為並不符合自己最大的利益，例如延長對重大暴力犯罪
或性犯罪者的觀護期（1991 刑事判決法案，第四十四節；1998
年犯罪與違規法案）。

然而，這些都是意圖上的轉變，而不是技術上的轉變。
**傾聽、反映、開放與聚焦性的問題、面質、歸納與探討各種
選擇**等技巧，仍然是實務工作的重要工具。這也不必然代表
人本／整體（humanistic / holistic）取向在根本上的變革。對
於犯罪者的處境，需要有更寬廣的視野，方能有助於了解犯
罪行為的重要元素，進而解決問題。「有效的做法」典範認清
了犯罪行為的多層需求，未將犯罪基因與社會福利排除在外，
而是將貧乏的觀護資源鎖定特定的犯罪行為介入，然後而透
過社區資源之協力來滿足其他層的需求（McGuire 1995; Home
Office 1998）。

受害者的觀點與風險管理是為了強化犯罪者的社會責
任。為了使犯罪者能夠承擔這些責任，工作人員不僅要提供
單純的資訊，也要讓犯罪者有反省與挑戰的空間，才能使其

對此有所認識，並且萌生改變的動機。在這項工作中，面質與挑戰是很重要的技巧。

諮商技巧可以運用在有關刑罰的服務上嗎？看起來，這並不是簡單的工作。這個兩難的困境勾勒出諮商技巧在道德層面上的問題。進行訪談時必須對法律的要求與責任具備明確的認識。賦權，並非不可能；這是界線與責任的問題，也是選擇與取捨的問題，更是價值觀的基礎問題，也即：在解釋犯罪行為、並且設法減低未來的犯罪時，應該以何種價值觀基礎來考量劣勢與歧視（Williams 1996）。

▶▶ **實務範例**

工作人員會努力地運用技巧來協助案主與達到機構的要求。在這個例子中，在刑事判決場合中的工作人員證明了其運用諮商技巧的能力。首先，工作人員評鑑案主的狀況，接著擬定與執行一項工作計畫。

吉福即將因為偷車而接受判決。工作人員在進行判決前的訪談時，運用了傾聽與聚焦性的問題之技巧，以便獲得確實而詳盡的資訊。工作人員想評鑑吉福對自己行為的認識，及其改變的動機。她兼採開放性與封閉性的問題及挑戰之技巧，以檢視他對此一犯行的看法。在符合程序督導原則下，工作人員向法庭提出觀護命令的建議，法官認為她的提議適當，因此決定授與此命令。

工作人員為吉福和其共同被告—也是正在接受觀護

的羅柏，擬定一項計畫。該計畫是基於社工機構的目的而規劃—減低這兩名犯罪者再犯對大眾造成的風險。工作人員採用認知取向，因為研究顯示這種取向可以促進犯罪者改變其動機與態度。在工作的第一個部分，她以一系列漸進式的問題探討犯罪行為的特定面向，以尋求改變的可能性。工作刻意地採取焦點化的方式，並且在提出下一個問題前，對前一個問題的回答做出回應、反映與釐清。歸納可以用來幫助案主思考自己的態度、行為、及車子失竊對別人的影響。工作人員知道訪談中不可避免會出現沉默時刻，過去的經驗告訴她，沉默可以幫助案主整理他們的想法或／及發現新的觀念或資訊。工作人員相信，訪談中出現的片刻空白與暫停讓她更能發揮技巧，進一步地要求犯罪者思考自己的行為與動機，以及自己對別人的影響。接著，在另一個緊湊而短期的方案中，運用諮商技巧為基礎，採取聚焦與認知取向來挑戰案主，使其從事改變並且為自己規劃一個完全不同的生活方式。

結論

在所有的社會工作實務中，評鑑與規劃都需要工作人員能夠在複雜而敏感的工作中，以符合法律與公共政策的方式，

來運用人際技巧。評鑑的架構只是蒐集資料的工具，它們無法均衡、比較風險，也不能用來擬訂計畫。這個工作有賴工作人員以其思考能力運用個人技巧，引導服務使用者產生投入感，以便共同評鑑進行改變的動機與能力。工作人員必須要對案主的抗拒、封閉或排斥的反應有所了解，也必須使他們放棄這些做法而開放地面對評鑑；工作人員也要平衡當事人個人性與社會結構性的因素，以據此進行規劃；即使這種情境通常顯得困難而令人並無把握，工作人員還是要和案主建立起夥伴的合作關係。以知識與技巧為基礎的專業判斷，是達到審慎評鑑不可或缺的工具，而進階的諮商技巧則是這類工作所需要的專業技巧之一。

第五章

介入與提供服務

　　社會工作的評鑑與規劃會產生轉介至其他機構、採取介入行動、或提供服務等結果。合格的社工人員應該能夠：

　　藉由提供或取得適當的支援、照護、保護與控制等方式來進行介入與提供服務，以促進改變。

（CCETSW 1995）

　　「介入」（intervene）指的是：

● 調解；
● 干擾、避免、或修正事件的歷程；
● 插手在事物之間；
● 以局外者的身分採取行動。

　　社會工作所指的介入具備了上述部分的意義。當社工人員在各方之間協商、扮演中間人角色，或直接影響服務使用者的生活時，都可謂之介入。社會工作予人不切實際或好管閒事的形象，往往來自於人們對於高度公開的介入行動有所

疑懼。例如鑒於可能發生的有害結果，社工人員會如何使用
或保留其法律權力？

「提供」（provide）指的是：

● 　使某人具備必需品；
● 　補充提供物。

性質上來說，社工人員提供的是服務。就提供的觀點，
社會工作的介入行為源自於博愛主義，並且和立法與政策上
的法律功能與社會福利有密切關聯，例如兒童津貼、幫助緩
刑犯或老人照護等工作之支出等。在社會工作中，控制與照
護、提供與分配、促進改變與強制之間，一直存在著緊張關
係。藉由評鑑之進行，社工人員審酌、衡量如何以符合道德、
資源、立法、程序原則、及社會工作價值觀的方式從事介入
行動或提供服務。

當一群受訓中的工作人員被問到有關介入的內容時，出
現了複雜而多樣的反應，包括：

● 　**方法**：評鑑、照護管理、鼓吹、諮商、提供建議、團體
　　福利工作。
● 　**任務**：判決前交付法院的報告、補助建議、收容工作、
　　聯繫工作、法律行動、法院命令之監督、轉介。

● **提供服務**：安置（收容所、日間照護、撫育照護、暫時託管照護）、兒童照護、日間護理中心、幼兒保育建議、教育配套措施。

他們所提到的內容並不完整，但是卻足以看出社會工作介入活動的範圍之廣。龐大官僚組織強調的是委託的服務（commissioning services），工作人員必須熟練地扮演這種具有權力的角色，並體認自己的工作之一是將有限的資源運用在最需要者身上。在小型的機構中，工作人員經常必須直接介入。

社會工作的介入包括：

● 運用社會工作的理論與方法，規劃介入行動以促進改變；
● 將工作人員的個人技巧運用在介入行動中；
● 轉介給提供服務的機構；
● 從提供服務的機構取得服務；
● 金錢或實物的直接供應；
● 藉由鼓吹行動從另一個機構取得服務。

多數的介入工作都是由上述的各項元素組合而成。配合理論與方法，利用諮商技巧以促進改變，在社會工作中有其一定的重要性。工作人員的諮商技巧對於服務傳遞方式有很

重要的影響。本章擬討論諮商技巧在工作人員介入時的運用。
工作人員的風格可以使介入工作產生根本上的差異，並且影
響服務使用者對服務的評鑑結果。

介入行爲的社會工作理論

　　所有的社會工作都有其理論基礎：「缺乏理論的實務就像
在未知的大海中航行；只有理論卻沒有實務，則根本離不開
港口。」（Susser, 引述自 Hardiker and Barker 1991: 87）。理
論取向是從多方面的知識演繹而來，這些知識認爲社會工作：

> 需要廣泛學科的知識（如法律、精神病學、與哲學）。
> 此外，社工人員必須非常嫻熟這些知識，以作爲選擇
> 之依據，並且掌握最新的發展、摒棄無用的理論。
>
> （Hardiker and Barker 1991: 87）

　　社會工作實務中的介入行動以心理學理論爲基礎，探討
從心理學理論衍生的方法，例如從案例演習中檢視諮商技巧
的實務。

一個折衷的理論取向

　　爲了完成任務，社工人員必須援引其他學科，包括社會

學（了解社會問題的社會結構）、心理學（了解個人和團體的功能）、及社會政策（了解影響個體的結構性因素）。事實上，這已是無庸置疑的事實，社會工作一路走來的旁徵博引，使其在法律或組織結構上都反映出多元而複雜的需求。此種審慎的折衷取向之好處在於：

● 融合各種理論來顧及使用者的利益，進而滿足個體的需求；
● 避免偏狹而單一取向的教條主義；
● 保持彈性，適應變化中的社會政策與社會情況；
● 能夠與其他持有相同理論基礎的專業人員合作。

　　自過去的廿多年以來，重要的理論已經成為社會工作的基礎，但是在運用上則有所修正。隨著社會的態度、價值觀、及信念之變遷，社會工作運用的核心取向（Howe 1987; Compton and Galaway 1989; Coulshed 1991; Lishman 1991; Payne 1992）也重新受到定義與評鑑，特別是社會工作所依歸的立法與政策之改變（1989 年兒童法案 1989、1990 年全國健康服務與社區照護法案、1991 年刑事判決法案），其實用性也受到重新審視，因此社工人員必須因應新法律的要求來調整實務工作的方法（Hardiker and Barker 1994, 1996; Marsh and Trisliotis 1996b）。

三個重要的取向

在社會工作已建立其理論的折衷取向之脈絡下，有幾個值得注意的心理學理論，以下分別簡要說明之。

心理動力理論

英國在五〇年代將源自美國的心理動力論與社會工作結合，並且持續運用到六〇、七〇年代（Brearley 1990）。心理動力論對人格的建立與發展所持的看法，源自於弗洛伊德的精神分析理論，這對社會工作的重要涵義包括：瞭解關係的方式，如個人與重要別人如何形成關係；過去與現在的關聯；內在與外在的經驗。這個理論有時很容易和心理社會化的取向混淆，心理社會化模式的概念是從心理動力理論和自我心理學衍生而來，但是將個人、社會、與現實的情況結合在一個更整體的架構中（即社會福利工作）。有些諮商情境所運用的狹義心理動力取向，只以案主的觀點來考量外在的世界；很少有社工人員會將這種取向運用在工作中，但是它卻非常有助於社工人員對個人的了解。此外，這種將關係用來做為改變的代理者（agent of change）之重要概念充斥整個社會工作中，這項概念在性質上是屬於心理動力論。

心理動力論當中的人類發展概念和社會工作息息相關（Fairbairn 1952; Erikon 1965; Winnicott 1960; Bowlby 1988;

Rutter *et al.* 1994; Jacobs 1998）。許多研究進一步探討心理動力論思想在社會工作中的地位（Yelloly 1980; Pearson *et al.* 1988; Brearley 1991）。心理動力論對於過去或目前在兒童、家庭、老年人或心理健康等方面的研究與實務，都具有根本上的重要性，而有關專業監督的研究對心理動力論也多所援用（Kadushin 1997; Hawkins and Shohet 1989）。

學習理論

　　行為方面的社會工作、行為治療法、及行為矯正術都源自學習理論。「行為理論建立了一個理論體系，解釋經驗如何造成行為的改變，以及行為是如何學習、維持與戒除。」（Hudson 1991: 123）。學習理論奠基於科學實驗，並且隨著新發現而持續加以修正。學習理論最早是來自於 Pavlov 和 Skinner 等研究者對動物的實驗，而後則由 Watson 和 Rayner 對兒童進行這方面的研究（詳細說明見 Hudson 1991）。

　　行為方面的社會工作從評鑑著手，建立基準線並依此擬定改變的目標。行為會受到分析，採用的介入技術是以操作制約（operant conditioning）為基礎。接近社會學習方法（social learning methods）則做為介入的工具，較完整的討論可參見相關資料（Sheldon 1982; Hudson and MacDonald 1986; Howe 1987; Coulshed 1991; Payne 1992）。Hudson 和 MacDonald（1986）曾概述各種可能的運用方式，包括：憤怒情緒的控制、兒童受虐案件的管理；幫助撫育機構管理兒童的行為；

日間護理中心的成人照護、社交技巧的訓練。精神病學也以
行為方面的方法來處理精神官能症患者的行為及其他個人功
能問題。

自我系統理論（ego-system）

社會科學中的生態觀點堪稱建立得相當完備〔Siporin
1975; Maluccio 1981; Garbarino 1982），它是最全面性、統一
性的架構，涵蓋行為生物學、生態心理學、與文化人類學等
面向。此架構以一連串的重要概念為基石：

- 個人與環境的關係是連續的；
- 個人、行為與環境是互相依賴的；
- 系統理論可用來分析個人在各種情境的生態；
- 行為具有因時因地的獨特性（site-specific）；
- 評鑑與評價是透過對「個人—環境系統」的直接觀察；
- 行為是個人與環境互動的結果；
- 行為科學應該尋求了解與分析這些互動（Allen-Meares
  和 Lane 1987）。

生態取向採取整體性的觀點來檢視環境中的個體，並且
可以兼容其他取向。因此，此一取向的評鑑可以蒐集兼顧個
體與環境的資料，這些資料考慮了所有的變項，使介入與服
務的提供也具有整體性。

　　這三種重要的取向，結合服務供應與鼓吹之後，經常成為社會工作介入的基礎。然而，它們都非常仰賴工作人員個人的技巧與能力，此外，如果要讓賦權觀念鞏固社工實務，工作人員必須能夠將自己對理論的瞭解傳達給案主，獲得建設性的共識，以利社會工作的進展。

▶▶　**實務範例**

　　本例說明諮商技巧及其他協助模式的價值，分別為：給予建議、提供資訊、直接行動、教導、與系統改變。工作人員必須對心理動力論、行為科學、與生態理論有所認識。

　　　大衛（廿一歲）和父母住在家裡，雖然他在十六歲以前都在一所輕度學習障礙的兒童學校就讀，但是他並沒有任何經過診斷確定的問題。後來他轉到一所重度學習障礙的學校。他是在遲遲未學習開口說話之後，才被發現有學習障礙。在兩歲以前，他跟一般的孩子沒有兩樣，後來的情況似乎不太對勁，他的母親發現大衛的行為變得難以管理，情況越來越棘手。儘管憂心忡忡，她卻仍懷著一絲希望，期待大衛並沒有任何學習障礙。在十六歲以前，大衛受到的實際協助或諮商都很有限，直到十六歲，大衛被排除在特殊教育進階課程之外。在輔導這個家庭的過程中，正式的諮商雖只佔一小部分，卻扮演重要的角色，而且諮商技巧的運用更是銜接著整個

工作策略。

　　這個家庭並沒有接受任何福利補助，雖然他們顯然有權利接受這些福利。大衛的母親琶特以為自己沒有申請的權利，因此過去幾年來她總是獨力處理大衛的問題。然而，她後來了解自己的兒子有接受特殊教育的需求，因此以實際行動來幫助大衛。服務、行為管理與父母團體等相關訊息，有助於這個家庭走出孤立局面，以及釐清其需求。舉例來說，這個家庭最迫切的困難是為大衛找到適當的日間活動中心。考慮了各種不同的可能性之後，他們選擇了一所進階學校。剛開始的時候，琶特還是很焦慮，不過當她漸漸信賴學校對大衛的照護之後，焦慮感便逐漸慢慢降低。認知取向此時會相當有幫助，這種取向可以了解、確認琶特的經驗與感受。舉例來說，工作人員讓琶特知道，大衛過去並未受到適當有益的照護，但是未來不會再發生同樣的情況。

　　加入當地的父母與照護團體所舉辦的活動後，琶特有機會認識其他處境與她類似的人，使她可以有分享感受與憂心的對象。我們可以從系統的改變來檢視這個團體，因為很多當地人也面臨類似的壓力，這些壓力可以透過團體的力量而得到紓緩，其中成員選擇以此作為社會支援系統，而非社會運動團體，這樣的選擇也很重要。

　　社工人員在較後期的階段，才將較正式的諮商帶入大衛的家庭。琶特認為大衛現在的情況比較穩定，而且

也有適當的管道獲得支援，因此壓力減輕很多。然而，經過診斷後，證實她患有緊張性的氣喘，所以她不免還是會覺得焦慮與沮喪。琶特和自己的母親處得不好，而她母親最近過世了。個人諮商對於減輕琶特的焦慮可能會有幫助。

以心理動力取向讓琶特檢視她的童年、婚姻與大衛出生後的生活。她說整個歷程像是打開了一個神祕而可怕的箱子，然後把裡面的東西分門別類，決定什麼是她要的，什麼是她不要的。其中有一個特別的事件是她在多年前的一段婚外情，她為此背負著罪惡感。利用認知取向，琶特知道當時自己面對一個她珍愛、卻難以處理的孩子，在這種掙扎下她展開了這段外遇。經過三次的諮商之後，琶特的氣喘已經有改善的趨勢，對自己的生活也持著較均衡的觀點。這些進展在很短的時間內就達成，主要是因為諮商員與案主彼此都已相當熟識，而且建立了信賴感。

工作人員在學習障礙方面的經驗使她了解，正式的諮商的確有其實用性，但前提是必須與適當的實際支援系統配合。從開始的診斷階段，一直到離開，工作人員必須運用諮商技巧——例如給予完整的時間、專注地傾聽、不批判、熱心而包容的態度——來面對那些有學習障礙子女的父母親，定期性支援應該配合實際的協助以舒緩孤立感，包括吸收兒童處境的專業知識、與其他有

類似處境的人聯繫、以及與其他機構合作（例如健康與
教育機構）、為未來擬訂計劃等。雖然並不是每個家庭
隨時都需要協助，但是當他們有需要時，應該能夠輕易
取得管道以獲得專業、熟練的協助。父母可以從定期性
的支援中獲得協助並預防危機的發生，而不是獨自面對
危機。

該社工人員說明：

> 在英國，從五〇年代高度心理動力取向的社會福利
> 工作取向，到九〇年代以評鑑與照護管理程序為典
> 型的服務取向，到了 1990 年其健康服務與社區照
> 護法案已被奉為圭臬。雖然這兩種取向對於孤立感
> 並非特別有效，但是盡早以這兩個取向接觸父母，
> 可以讓他們幫助學習障礙的子女以更健全、更健
> 康、更積極的方式發展，及發揮其最大的潛能。

這名社工人員也將類似的取向組合運用在另一個母
親身上。該案主主要的問題在於分居對於母親與孩子造
成的影響。珍是一名單親媽媽，她八歲大的兒子有重度
的學習障礙與行為問題。從這個孩子出生之後，珍沒有
一天能夠安穩的睡覺。

訂定行為計畫是解決這項問題最直接的方式。一開

始這個計劃的確奏效，但是很快就遇到瓶頸—只有
珍一直留在房間陪兒了的時候，他才肯睡覺。珍不
知道怎麼辦，只好坐在門外。藉著和珍談談她對兒
子的感覺，她能夠試著不再把兒子當成一個脆弱、
依賴的小嬰兒，而是一個漸漸成長、可以學習獨立
的孩子。隨著觀點上的改變，她的兒子亞歷山大逐
漸可以自己睡覺。之後，珍第一次從父母的家中搬
出來（當時的她是三十多歲），因此，這也是一個
有關於她解決自己與父母分離的問題，雖然在諮商
中並未直接觸及這個話題。

這個案例說明心理動力與認知行為取向的知識，對
於工作人員在進行介入時扮演的角色，工作人員並且以
此提供符合法律思維的賦權服務。工作人員並持續地注
意環境的生態系統，證明各項理論結合而成的取向，可
以真實地運用在實務中，為該家庭謀取福利。

社會工作的方法

我想用兩個例子來說明兩個重要的社會工作方法。它們
證明了理論的確可以透過運用而與實務結合，社工人員可以
運用符合使用者需求的方式，而不是讓使用者來適應理論。

要有效地運用這兩種方法，必須以諮商技巧為基礎。

危機介入

　　危機介入是以心理動力論為基礎，企圖提供聚焦、短期的治療形式。「短期治療法」的概念涵蓋了認知的元素，並符合社工人員的理念，使其工作更能精確聚焦。社會工作文獻指出，在六〇年代開始採納這個方法（Caplan 1964; Pittman 1966; Golan 1981）。

　　社會工作所關注的對象，經常處於痛苦的情境中，但根據 O'Hagan 的說法，這種情境是否就是一種危機，還有待商榷；而 Caplan（1964）則將「危機」視為一種暫時性的混亂與失調時期，有時這些混亂與失調是因為過渡或創傷事件所引發，使個體暫時無法發揮處理事情的一般性能力。個人對事件的認知定義著危機。Golan（1981）與 Roberts 和 Nee（1970）等作者認為，危機具有幾個可辨識的階段：

● 　突如其來的事件與知覺；
● 　令人苦惱；
● 　過去處理的方式無效並導致失衡；
● 　潛在的希望；
● 　介入—連結目前的困境與過去的處理策略；
● 　在數週內（四至六週）獲致解決或重返平衡狀態。

▶▶ **實務範例**

這個案例說明工作人員運用諮商技巧介入危機的處理。這個情境中有一名兒童和他的家人，但是主要的焦點在於照護該名兒童之成年人的心理健康。

　　潘妮（四十三歲）有三個孩子，分別為十一歲、九歲和五歲。她的丈夫在最小的孩子一歲時因癌症病逝。從那個時候開始，她就斷斷續續出現精神異常的現象，並且因而有自殘行為。當潘妮揚言要服用藥物自殺，而且「要把他們一起帶走」時，危機便出現了。由於發現了這個可能導致身體傷害的風險，社工人員介入這個家庭，並且把三名小孩納入兒童保護的名單。社工人員認為這件事情有些棘手，因為潘妮從未打過小孩或威脅他們，但是風險存在卻是不爭的事實。社工人員的行動使潘妮覺得非常憤怒，對他們充滿敵意。被指派負責處理的社工人員對於這個案子顯得有些疑慮，而扮演監督的角色也令她覺得不安。不過，諮商技巧幫助她渡過這個難關。

　　她以**主動的傾聽**表現出自己的關注，並且以同理心來了解潘妮的憂慮。最重要的是，由於潘妮顯示出相當低度的自尊，如今又受到監督的她，更明顯地加重這種傾向。因此社工人員以**不批判式的接納**態度面對潘妮，使潘妮揭露她在幼年時期遭受祖父性侵害的往事。過去潘妮在面對認識五年以上的治療輔導者，從來未能將這

段經歷說出口,她的丈夫一直是她主要的支柱,丈夫的死使她陷入深重的無助與憂鬱中。

新的社工人員持續扮演支持者／監督者的角色,並在整個歷程中運用諮商技巧,但是仍隨時牢記自己有責任保護兒童與了解潘妮對於此等介入行為的看法。同時,社工人員清楚地向潘妮表明自己不會跑掉,而且也關心潘妮身為一個人與擔任母親的角色之進展。過了幾個禮拜,情況似乎比較穩定;六個月後,本案便被建議註銷。後來儘管潘妮仍有自殘行為,但是已經停止對子女的言詞恐嚇。經考慮後,當局認為潘妮的情況仍有進步的空間,於是由一名專業的兒童家庭諮商員介入此一工作。

潘妮已經改變她的看法,並且了解自己的責任及其行為對孩子的影響。她開始和她的精神科醫師建立較好的關係,一年之後,這個案子宣告終結。潘妮對於工作人員最後一次拜訪的反應顯示,她對於這種結合支援角色與監督功能的取向有肯定的看法,她也問到若之後有需要,是否可以聯繫工作人員。工作人員對潘妮在這段共事歷程的進步表示肯定,這是潘妮非常在意的一點。

工作人員強烈地感覺到,透過諮商技巧所建立的關係,是這個案子可以成功的主要原因,儘管她必須履行權威性監督的法律義務。這名母親與她的孩子所顯示的進步證明結果是好的,也說明了以法律義務為基礎的權

威性介入，也能夠達到支援的效果。在這個介入行動中，
工作人員在治療方面的能力對歷程也有重要的貢獻。

以任務為中心的實務

　　以任務為中心的社會工作是一種實務的架構，它是從
自我心理學（ego psychology）與契約的運用而發展出來。
它以一種聚焦的方式，支持案主解決生活中遭遇的困難。
這種方法最早可以溯源至美國在六〇年代與七〇年代的研
究（Reid 1963; Reid and Epstein 1972, 1976）。社會工作中
的任務中心實務可以避免漫無目的而冗長的介入及導致的
過度依賴性。Reid 和 Shyne（1969）認為，明快的工作方
式也可以達到長期介入的效果。任務中心取向可以視為解
決問題的架構，它需要：

● 案主的同意；
● 對案主與工作人員的活動擬定開放性的議題；
● 明確訂定具體的目標與任務；
● 任務的分配；
● 期限；
● 檢討與評價；
● 共同的義務（案主與工作人員對結果都必須承擔責任）。

　　很重要的一點是，選定的任務必須可行與具有結構性。

▶▶ **實務範例**

以下的案例敘述說明一名社工人員如何運用任務中心取向，來輔導一個有嚴重心理問題的年輕人。要達到這個任務中心所設定之目標有賴於良好的溝通與諮商技巧。

社工人員將麥奇希（三十九歲）安排至療養院。他覺得自己沒辦法在社群裡獨自生活—他的生活中沒有任何社交或娛樂，他沮喪、酗酒、經常被送到醫院。療養院的生活要協助他重新建構自己的時間、與人群接觸、減少酒精攝取量、解決他過去的住所與債務等問題，以及協助他獲得重返社群生活的能力。他因為酗酒的問題而與所有親人漸行漸遠。當他被送進療養院時，他已經極度抑鬱而無法單獨生活。

負責此案的社工人員以**傾聽**和**反映**的技巧，與麥奇希建立關係。在這個階段，她並未試圖問他問題或調查他的背景（既有的檔案資料已經足夠）。相反的，工作人員試著了解案主對自己目前的處境有何看法，於是麥奇希開始敘述他的故事：憂鬱、憤怒、沮喪使他開始以酒度日。自從被診斷患有精神分裂症之後，他就沒有工作。他幾乎沒有朋友，他希望療養院可以幫他從煉獄中解脫，讓他有信心可以追求較好的生活。

工作人員仔細地**傾聽**，鼓勵麥奇希說出自己的故事。她以**同理心**的技巧，假設自己處於麥奇希的情況中，試著尋找支持他向前邁進的方法。她的結論是，麥奇希

自認為無力改變目前的隔離狀態。她用麥奇希的話，再加上無力感這個詞彙，以歸納與釋義的技巧，確認麥奇希對無力感的詮釋。麥奇希說他無法相信有什麼事情會變好，每件事情都是沒有意義的，他嘗試要做的每件事都以失敗收場。他認為如果自己真的病得那麼嚴重，那做什麼事都沒用。缺乏動機使他什麼事也不想做，特別是疾病加深了他的自我認知。工作人員必須設法以非控制、非強迫的方式，支持、促進案主參與那些他覺得沒有意義的活動。

在接下來的面談中，工作人員試著探索案主體驗問題的方式。麥奇希說他覺得恐慌而不知所措。工作人員鼓勵麥奇希列出令他覺得恐慌的事情，他寫出來的清單包括：他的公寓一團糟，他的水費、電費、瓦斯費、房租都逾期未繳，焦慮自己承受不了社工人員的輔導歷程，害怕離開療養院。

麥奇希覺得，把這些事情說出來讓他覺得舒坦一些。社工人員和他達成口頭協議，每次針對一個問題尋找解決方案。工作人員運用傾聽的技巧、精確的回應和同理心與麥奇希擬定一個可行的方案。彼此都同意以四個月的時間實行這個計畫。他們著手的項目包括前往公寓、解決租約、調解帳單問題及規劃日後的房屋租貸事宜。同時，麥奇希也接受了戒酒療程，他開始和一些亞裔老人在社區裡面從事一些志願性的工作。社工人員覺

║ 得這是一個好的開始。

工作人員在介入時對「自我」的運用

　　服務使用者對社會服務介入的評價是正面或負面，經常與工作人員個人的風格較有關，而非採用的理論或方法。服務使用者主要的考量可能在於工作人員是否尊重他們的需求，因此，社會工作的介入是有關角色與任務、機構功能、理論與方法、及執行時對自我的運用。在資源不足的情況下，工作人員個人的態度與技巧，在介入的歷程中顯得格外重要。工作人員的參與、諮商、運作、及協商等能力，可能成為整個工作成敗的關鍵因素。

▶▶　**實務範例**

　　在本案例中，工作人員在沒有任何即時可用之資源的情況下，展開介入工作。佐伊（十五歲）說，從七歲時就開始受到父親的性侵害，她的母親知道這件事之後，這些侵害行為就停止了，但是母親並沒有向警方報案。

　　在佐伊說出這件事情以前，她搬到父母友人家去住，父母的友人以養父母的身分照護她，隨後，她的父親被逮捕後保釋。佐伊的兩個妹妹繼續和母親住，她們的父親則搬出去。工作人員認為有幾個方面需要介入：

分別對佐伊、母親、及另外的兩個女兒提供個別的支援；評鑑並支援寄養家庭；佐伊和母親之間的關係處理（彼此的對立情緒很強烈）；寄養家庭、佐伊、與母親之間的協調。

工作人員運用諮商技巧面對佐伊。首先是約佐伊到寄養家庭附近的公園裡，與她並肩而坐，傾聽她說話。工作人員全心全意地傾聽，試著瞭解佐伊對於發生在自己身上的事情有何感受。利用連結（linking）來瞭解佐伊的經驗，並且將這些經驗拼湊起來。後來，在較正式的會面中，工作人員要求佐伊寫下自己的感受。這個練習顯示出她對自我價值的貶低。此時工作人員主要以口語介入的方式，來反映、歸納佐伊的話。這是很重要的，因為有時佐伊顯得非常沮喪，因此，對她的情緒進行反映，將能夠發揮支援的效果。

工作人員向佐伊說明整個程序，以及諮商取向與一般對話的不同。這似乎讓佐伊感受到工作人員真心地希望瞭解她。同時，佐伊的母親對於事件的詮釋常常完全不同於佐伊所說的版本，因此，有必要針對案主的經驗釐清事件始末。後來，此案被轉介至治療性的服務機構，但是工作人員仍然可以持續地支持案主渡過這段艱難的時期。佐伊因而得以利用這些特殊的治療協助。

社工人員的特質

社工人員在介入與提供服務時，必須具備一系列的特質與技巧。Compton 和 Galaway（1989）提出成熟個體的六種特質，使個體可以感受到自我的存在、成長、發展、無畏於生活、以及能享受生命的歷程。它們分別爲：

● 創造力；
● 心智的開放；
● 包容性（receptivity）；
● 自我觀察的能力；
● 渴望提供協助；
● 勇氣。

他們也提出六組重要的元素：以別人的立場來關心別人；承諾與義務；接納與期望；同理心；權威與力量；真誠與相容。這與 Keith-Lucas（1972）所謂的「無益的人」正好相反，這些人的人格特質包括：

● 對於認識別人有興趣，但並非爲了服務別人；
● 受到強烈的控制慾、優越感之驅使，或爲了取悅別人；
● 曾經解決過類似需要協助的人之問題，但是卻忘記其所

付出的代價；

● 對於報應性的公正或道德有興趣的人。

　　個人的特質、價值觀及態度與技巧有重疊之處，但是技巧可以區隔爲用來傳達尊重與瞭解等重要價值觀的能力。工作人員在面對社會裡脆弱而受到邊緣化的族群時，這些技巧格外重要。介入與服務的提供是以下列的理念爲基礎：清楚的溝通、引導案主投入合作關係、賦權（在支援脆弱者時，幫助他們擴充力量）。因此，工作人員的個人特質可以透過技巧而加以運用。

同理心

　　同理心是一種介入與提供服務的重要方式，結合權威與瞭解。同理心經常被誤認爲憐憫（sympathy，將自己對別人的認同流露於外而表現出同情或關心，由於這種關心係來自於自己的關切，對於瞭解別人也許沒有幫助）。同理心是一種客觀關切的容量。

　　同理心通常被視爲一種個人的特質。很多人藉由與家人的互動或生活的經驗，發展出進入別人世界的能力。研究證實，同理心的能力對於父母提供子女所需要的愛與教養有正面的效果（Rosenstein 1995）。這種精確的同理心是社會工作

實務所需要的技巧，而這項技巧必須從個人的特質出發，並
且藉由督導下的練習來加以發展。

同理心是進入別人的感受與經驗之能力，設身處地瞭解
別人所經歷的事情；在同理心的歷程中，你自己的自我與身
分會抽離出來。同理心熟練的運作包括情緒性的內涵與理智
性的元素。

同理心的學習需要知識（例如：瞭解我們可能以刻板印
象去認識別人，或學習從文化上、結構上來瞭解社會）。同時，
它也需要個體能夠觀察到自己與別人的感受之間的界線。在
分享經驗時，同理心格外重要。工作人員自身的失落經驗或
許可以提供一些線索，以探索別人的失落經驗，但是，如果
沒有同理心的能力，工作人員可能直接把自己的經驗移轉到
案主身上，雖然案主與工作人員對於失落有截然不同的反應。

有些遭逢喪親之痛的人，會覺得憤怒，有些人則是覺得
悲傷，也有人會覺得懊悔。如何體驗悲傷，取決於個體的人
格、過去的經驗、信念、以及與逝者的關係。工作人員必須
瞭解任何情況可能發生的一般性反應。舉例來說，在癌症末
期，人們可能會有掙扎、否認、憤怒、與絕望等情緒，所有
相關的個體都會有這些反應。

同理心的瞭解使工作人員不論自己的經驗或文化包袱為
何，都能接受並進入案主的世界。在介入或提供服務時，這
會很重要，因為進入別人的世界並引導案主參與，是提供服
務與介入的必要步驟，如果無法跨出這一步，很可能會受到

拒絕而導致介入的失敗。

　　有些人認為，同理心意味著同意、支持別人的行動、想法與感受，因此，面對那些殺人或虐待別人的人，還要強調同理心的運用，似乎是困難而不適當的做法。然而，同理心並不是憐憫或贊同。就一項重要的面向來說，同理心無關價值觀（value free），它並沒有指定或共謀某些行動。同理心可以用來與案主共同進行評鑑與規劃，但工作人員並不必因此放棄社會或機構對於案主的價值觀或行為之看法。

　　同理心可以建設性地確認與處理差異性。這是一種個人的技巧，可以從個人關懷別人的特質來加以提煉與發展，以包容各種不同的價值觀。同理心涉及將自我專業地運用在介入別人的生活中。要求案主適應社工服務，是一種浪費時間且成本高昂的實務方式。工作人員的規劃若有違使用者的期望與需要，通常無法獲致成果。同理心，是以案主的觀點來看世界，並且與他們站在一起進行適當的規劃。

　　老年人通常會以一種依賴的觀點來發掘自己對服務的需求。對許多過去在社交上相當活躍的人來說，角色的改變會深遠地影響對自我的認知。如果不能瞭解這樣的轉變對個體的意義性（包括瞭解他們的背景、文化、過去的工作經驗與生活方式），很容易就使案主拒絕接受這些出於善意而提供的服務，而這種拒絕會被說是案主不合作的反應。事實上，適量且適當地與案主針對服務達成共識，反而更能發揮效果。舉例來說，缺乏社交刺激對老年人來說，可能比她不能自己

烹飪還要嚴重；如果一個老人想要出去走走，提供居家飲食
料理的服務對她來說是沒有意義的；而如果一個老人樂於獨
居，只是相當厭倦以三明治度日的生活，那麼為她安排團體
活動也無法滿足其需求。如果沒有考慮案主對於服務的看法
或使用服務的動機，那麼不管是日間安養或三餐料理等服務，
可能都是無效的服務。

　　這聽起來似乎是很基本的道理，但是有時候花在貼標籤
的時間，還不如適當而充分地加以介入。諮商技巧在此時的
角色是傾聽與回應，以盡可能提供符合顧客所需要的服務。
這些技巧幫助工作人員釐清自己的角色、獲得行動的共識、
運用適當的工作方式、支持與鼓勵使用者面對過渡與轉變時
期、與使用者協商服務的組合，以及使對方變得能主動地評
價。

▶▶　**實務範例**

本案例是有關一名女孩與她的祖父母之間的關係，一位
社工在這個案例中運用同理心的技巧進行介入與提供服
務。她的介入清楚地以社會工作理論與方法及諮商技巧
為基礎。

　　潔瑪（十四歲）由祖父母扶養，現在仍然和他們住
在一起。她的母親則和現任丈夫住在附近，他們的家庭
還包括了丈夫與前妻所生的兒子（十二歲）及他們自己
的兩名女兒（七歲與五歲）。而案主潔瑪有一名男友（史

帝夫）。潔瑪沒有去學校上課，教育部因而向法院申請了監督命令，這個案子被轉到社會服務機構，並且根據1989年兒童法案的第四十七節，對案主進行評鑑。教育部對潔瑪並不陌生，因為她的祖父母經常向該部求助。這個案子還涉及老人及非法性交行為等議題。社會服務機構的介入使潔瑪重新回到學校上課，並且返回祖父母的家。

　　當工作人員開始與潔瑪接觸時，她的態度並不合作。她說教育單位與警方的介入是一種處罰手段，她認為沒有人在乎她，也沒有人關心她究竟需要什麼，只是希望她回到學校上課（**主動的傾聽、微妙的鼓勵**）。工作人員推測（**同理心**），潔瑪對生活失去控制力，是一個重要的問題，因此決定引導這名年輕女孩進入自我評鑑的工作。她一開始（**避免提出問題**）運用生態地圖（eco-map），來獲取這個家庭的相關訊息，並且瞭解其他機構與人員對潔瑪造成的衝擊。

　　工作人員評鑑後認為，法院的監督命令加深了潔瑪的敵意，命令中還納入了祖父母對她的描述「看什麼都不順眼」。藉由與潔瑪建立關係，工作人員和案主一同探索究竟發生了什麼事。諮商技巧的運用使工作人員擬訂的計畫，也符合1989年兒童法案之原則（兒童福利、父母之合作、法院命令之撤銷、最低度的干擾、考量青少年的期望與感受）。

　　接下來的介入結合諮商與積極的任務中心支援。相關的工作事宜包括：就學、祖父母對潔瑪男友的厭惡、被母親排除於新家庭之外以及對自己身世的感受。藉由**傾聽、回應、釐清與目標設定**，雙方在語言上達成對任務的協議。**專注地傾聽**潔瑪說話，工作人員發現過去正式的書面計畫使潔瑪否定自己，並且覺得自己的希望沒有受到注意。她對此的看法從頭到尾都受到**尊重**，因此，雖然有必要保留紀錄，但是工作人員應該盡可能減少文書檔案工作。工作人員謹慎地選擇互補的方法，並且避免這些方法在理論層次上互相矛盾。她的任務中心取向是以古典的著作為基礎（Reid and Shyne 1969; Coulshed 1991; Payne 1992）。

　　工作人員應設定諮商目標，「讓案主有機會探索、發現、釐清生活方式與資源，以便追求較好的生活」（British Association for Counselling 1984）。案主的自我信念導致她的感受與行為，這成為介入工作的方向。她覺得祖父母和很多專業人員都輕蔑地看待她和男友的事，並且限制她的想法與行動。工作人員的**接納**使潔瑪第一次願意談自己的事情，並且進一步地**探索**自己對現在的處境有何看法。

　　接下來，工作人員在接納潔瑪之觀念的同時，也試著挑戰、質疑潔瑪的信念，尋找幫助她回到學校的方法以及有關她在家裡的地位。潔瑪認為，學校或家庭都不

重視她，但是史帝夫卻珍惜她。工作人員在這個工作階段採取以個人爲中心的做法，使潔瑪以自己的觀點來檢視外在的事件。

在這個期間曾經出現過幾次危機，其中包括當潔瑪決定要與史帝夫分手時，他威脅潔瑪的祖父母，警方抵達後要求史帝夫離開祖父母的家。儘管潔瑪對來自其他機構的人表現得很冷淡，讓工作人員覺得很挫折，但是她仍舊與校方合作，希望促成潔瑪返校就學。

社工人員、教育機構與祖父母也讓潔瑪有機會一起評鑑、規劃她的未來。個人中心取向使別人將潔瑪視爲一個個體，而不是逃學的孩子。

使用者導向以諮商技巧爲基礎，會改變案主的自我認知，以及與她不斷產生衝突的環境系統。這是一件耗時的工作，但是卻能達到機構的目標，避免採取過度干擾或代價太高的介入方式，諸如法律程序、監督命令或收容住所。

結論

社會工作的介入行動決定於立法、政策、及程序性架構，以及除了須具備社工理論及方法的知識之外，也需要物質資源的配合。這種歷程必須透過個別工作人員的執行與協調，

他們的能力、判斷與選擇對於整體的社工服務有極重要的影響。

第六章

在組織裡工作

　　社工人員必須瞭解在組織中工作的機會與限制。這涉及
對組織性質的瞭解——正式、非正式、官僚化、與層級化（Smlth
1991; Handy 1993），以及具備勝任的個人技巧，以便將之有
效地運用在組織中。合格的社工人員必須能夠：

　　　對組織的工作有所貢獻。　　　　　　（CCETSW 1995）

　　這是指：成為組織裡一名可信賴與有績效的成員；對資
源的規劃、監督與控制有所貢獻；對服務的評鑑、效果、效
率與經濟性有所貢獻；對自己的行為與業務負責；遵循政策
與程序而工作；與組織內部其他成員或其他機構的工作成員
建立與維持關係；對於資源需求的改變與出現有所察覺並提
出建議；察訪服務使用者與相關人對服務是否適當與有效的
意見；促進別人對服務的改善提供建議；鼓勵服務使用者與
其他人表達其看法，包括抱怨。

　　工作人員與任用機構之間的關係，對於維持個人與專業
之間的界線，扮演重要的角色。因此，使用的諮商技巧必須

配合機構的期望與目標。長久以來，社會工作專業人員的角色界定便與其他專業（如法律、醫學、教育）不同。因此，有些研究的主題即鎖定社會工作的特色，以及大眾或機構內部對於社會工作之法定專業範疇的疑慮趨勢。對於社工人員應該具備的知識、技巧與價值觀，則是另一個爭論甚烈的議題。

　　傳統上，社會工作將個人與助人的技巧也帶進其他專業場合，例如醫院或法院。社工人員最初出現在慈善組織裡。志工們對囚犯、孤兒、精神病患、老人及羸弱成人所提供的服務，在廿世紀時被納入福利國家的制度中。在四〇年代裡，新興專業社工人員在各種場合中找到社工角色的舞台：刑罰制度、兒童服務、教育、心理健康、與醫院服務，同時也延續慈善或志工組織的照護服務。社會工作在社會福利的實務中有一些控制的面向，對於維持大眾服務的人道與關懷色彩，有很重要的貢獻。它反映了社會中的宗教與博愛信念，也認同社會主義的一項觀點，即：個人的不幸或貧困並非僅是個人的無能或缺陷所致，結構性的社會不平等也難辭其咎。社工人員是機構雇用來使國家對人民生活的介入變得更人性化與更緩和，他們往往很快就發展出一種角色，挑戰自身所處組織所存在的不平等。

　　在七〇年代裡，社會工作重整成巨型的官僚化社會服務部門，清楚地標示自己是獨立的專業團體。當新的服務需求出現時，舊時劃分為醫院的社會服務員、兒童部門的工作人

員、以及心理健康部門的工作人員之方式已經不適用。這種
局勢持續不斷發展,直到八〇年代末期到九〇年代初期,地
方政府的重組與大量的立法對社會工作產生重大的影響,使
社工人員以專業團隊的方式重新組合,進而隸屬於地方政府
的社會福利部門。

　　本章討論組織如何影響社工員之輔導技巧的專業化,以
及與案主的關係。如第一章所述,有些社工人員認為諮商技
巧並非他們的工作內容之一,以及關係的概念不能成為現代
社會工作任務的中心。這些論點之所以出現,主要是和組織
的性質有關。社工人員置身於巨人的官僚體系中運作,其角
色是組織定義的。

人群服務的組織

　　Hasenfiled(1983)分析,官僚化的服務組織是係福利國
家發展出來的產物。它是為了管理、促進國民的個人福祉而
建立的合法性服務機構,目的在於促進公平的資源分享。組
織使用正式的規定、程序、及權責系統,來達到這個目的。
這些服務組織的核心活動是「工作人員與案主的關係」。組織
建立起機制來規範相關事宜,如社工人員之招募、由誰擔任
各種活動的決策者與指揮其他人、誰有掌控資源的職權等。
在這些大型的組織裡,案主與位於前線的社工人員可能缺乏

權力，因為組織會規劃好「資源與服務的一系列活動」
（Hasenfield 1983: 178），而且「人群服務組織的權力可以高
度控制服務接收者的生活」（Hasenfield 1983: 180）。

　　這種組織結構中通常會有申訴機制，使成員能挑戰組織
做成的決定，但是由於其高度的官僚性質，工作人員可能對
申訴的效果缺乏信心。工作人員與案主之間可能建立非正式
的意見網絡，並且顛覆、逃避正式的程序。Lipsky（1980）
指出，在龐大的公家機構中，社工人員好比「基層官僚」
（street-level bureaucrats）：

> 基層官僚的決定、他們建立的慣例、以及為了處理不
> 確定感與工作壓力所創造的策略，有效地成為他們執
> 行的公共政策。我認為公共政策並不是在立法院或高
> 層行政長官的辦公室裡制定的，因為就某個重要的層
> 面而言，公共政策事實上是在擁擠的辦公室裡、在基
> 層官僚每天的工作中訂定出來的。我必須指出，政策
> 衝突並不只是利益團體之間的鬥爭，也存在於各個工
> 作人員與老百姓之間的搏鬥，這些老百姓對於案主的
> 處理或表質疑、或表無奈的屈服。在最好的情況下，
> 基層官僚以良性的大量處理模式加以回應，或多或少
> 有能力以尚稱公平而妥當的方式面對大眾；而最糟的
> 情況則是他們向偏見、刻板印象與成規稱臣，一切都
> 為私人或機構的目的而效力。　　　（Lipsky 1980: x）

Lipsky（1980: 193）曾提出一些重要的問題並且加以探討，如：

● 老師、警官、或福利工作人員應該坐視公家機構的不平等、無效率、與破壞性，還是另謀工作？

● 他們應該繼續為這種工作貢獻心力嗎？

● 他們是否應該從內部加以抗爭，以改變公家機構處理老百姓案件的情況？

● 在人群服務的專業中，須透過人的介入可以消除多少？

他在結論中指出，「事實是，在公家機關中，我們需要有人做決策，並且管理其他人」，以及這些機構可以「強化人民之間的關係—包括案主與工作人員，以及人民與國家的關係。很多批評……集中在人們無法獲得充分、公平或尊重的對待」。

從這些批評出發，出現了三條主要的分析路線：

● 鼓勵案主的自主性與對政策的影響力；

● 改善目前基層工作人員的實務；

● 使基層官僚成為更有效的改變推動者。

清楚的溝通、擁護、權利的告知、互動細節的歸納、例行的檢討、進行調查與負責等，被描述為良好的實務（Lipsky

1980: 185）。行政裁量權則是另一個需要監督的重要元素
（Lipsky 1980: 196）。

　　對於組織內部社工人員之角色的分析，對我們來說很重
要，因為這將運用諮商技巧的場域加以脈絡化（contex-
tualize）。諮商技巧也可以促進官僚體系中的互動，但是我們
必須注意是否合乎道德，以及諮商技巧並不是用來安撫那些
被法律拒於門外的人，而是用來爭取應得的權益、擁護與幫
助那些有需要的人提出申訴。

社會工作的範圍

　　社會工作的界線與性質目前仍有爭議。Lhullier 和 Martin
（1994）曾說過，社工人員似乎對自己的專業仍懷有不安。
他們指出，社工人員必須努力與他們可能感受到的社會排斥
（social exclusion）、不安全感、及孤立感搏鬥。上述兩位學
者引用法國制度的知識，重新評鑑社會與社工專業之間的契
約，並強調多機構投入、社會行動中的夥伴性合作、目標的
整合、迴避官僚作風與改善專業訓練等重要性。他們描述的
未來之路充滿希望，並推斷「社會工作的危機也許只是成長
必經的陣痛，社會工作顯然正繼續朝著更有績效的專業化邁
進」（Lhullier and Martin 1994: 364）。

　　Abbott（1995）以美國的觀點所寫的分析，也與英國的

情況形成呼應。他紀錄社會中被視為社會工作的團體有何改變，特別注意到「現存的觀護制度將會逐漸消失」（Abbott 1995: 546）。他提到，身為一種專業，社會工作有三種概念—功能性、生態性、與網絡性。從這樣的思考中，他推測未來的發展：

● 社工人員不應該擔憂專業主義之結構變遷，多數的專業都會經歷過渡與變遷；
● 社會工作是跨越界線的學門，與其他專業的變遷會有聯動；
● 大眾援助是社會工作的領域；
● 大眾對社會工作的認知仍是「他們幫助人們」；社會工作特別的地方在於，它有一種奠基於人格特質的公共形象。

　　他的結論是，就很多方面來看，整個環境和一百年以前還是很像：

　　　　再一次，我們的社會工作又陷入令人困惑的混亂中，沒有人可以弄清楚它究竟是什麼。再一次，受到服務的對象還是一樣令工作人員覺得難纏與輕視。再一次，人們仍然強烈覺得，有責任照護個人福祉的機構並未善盡職責。就在這個複雜的緊要關頭，社會工作的舊

> 面貌再度出現，來自持各種福利主張之代表團體的結
> 合。這個結合是由多元而不同的團體所組成，是「各
> 種邊界線上的社會工作」。我想我們正在一個接合點
> 上，這種新的結合可能出現。　　　（Abbott 1995: 562）

　　諮商的技巧與關係的技巧，使社工人員也能夠在個人與
提供給大眾的福利性服務之邊界上進行協商。諮商技巧可以
用來在行政官員面前準確地代表使用者，反之亦然，並且幫
助個體渡過動盪與變遷。總之，諮商技巧可以用來作為社會
納入（social inclusion）與社會排除（social exclusion）之間
的協商介面。

　　近年來，在社區照護（Community Care）方面的文章表
現出對變遷的關注。Sone（1996）提到科技在傳遞服務上的
運用及其衍生的焦慮感。有一個問題是：「社工人員會不會變
成填表格的機器？」答案必須是「不會」。科技加速了紀錄及
服務與資源訊息的取得，但是正如 BASW 的主席 Stout 在受
訪時堅定地說：「社工人員決不會只坐在辦公室裡填表格。如
果沒有社會工作的介入，他們就不可能評鑑並提出一套可以
完善照護的管理方案。少了和案主的互動，社工人員不可能
發揮功能」（Sone 1996）。

　　目前的研究相當關注跨學科的合作。社工人員並非一定
受雇於地方政府的社會服務部門，也可能在新的架構下，與
健康、居家、教育或青少年犯罪等範疇的單位一起合作。如

果可以將相關的機構組合成一個「匯集站」，對在地人們的需求就能有回應的管道，並提供更好的服務傳遞。然而，Eaton（1998）寫道：「結果還是回到老問題。這不是結構的問題，最重要的是工作人員及其行政長官的態度」。在市場、品質保證、與貨值其價等觀念的壓力下，社會工作的角色最近也受到重新評鑑。聘僱大量社會工作人員的觀護服務局（The Probation Services）便重新評鑑在獄中或社區中監督犯罪者所需要的知識、價值觀、和技能。從近年來實行的新進合格人員訓練計畫中，便可窺知此一趨勢。人們希望的是，社工人員所處的組織，可以允許組織成員以可靠而自主的方式，對服務使用者作出人道的回應（這種方式不僅是技術上的理性，而且也反映在行動上）（Schon 1983），以及在行動中有助於工作進行的諮商技巧也都能符合道德要求。

從 1979 年起，政府對於相關部門的缺乏效率與顧客的選擇方面頗有微詞，這些部門是在四〇年代與七〇年代的社會福利改革運動中崛起的。解決這個問題的辦法就是採取市場取向，一種提供福利服務的混合經濟，由地方政府扮演授權者（enabler）與採購者（purchaser）。這種觀點上的轉變無可避免地影響位於中間地帶的社工人員。在實務中與顧客維持關係，並運用諮商技巧協助顧客選擇，使對方不覺得受到操縱，這是可以辦得到的。

▶ **實務範例**

本例說明在龐大官僚體系下進行社區照護評鑑所使用的
諮商技巧。這個案例處理老年人膳宿安養的需求，顯示
了社會工作的性質。這是一個典型的「例行性」工作，
但是人們的需求會因個人而產生相當大的差異。

戴維斯太太需要緊急的安置，因為她的丈夫——也
是照護她的人——心臟病突然發作。戴維斯太太行動不
方便，而且罹患癡呆症。她被安置在當地的精神療養院，
並且給她一個臨時的緊急病床。但是當戴維斯先生出院
之後，是否能夠繼續照護她的妻子，成為一件令人憂慮
的事。戴維斯先生覺得，最重要的事情是能夠和妻子在
一起。雖然他在簡單的個人動作上只需要一些協助，但
是各種家務事則需要大量的協助（無法自由活動，易喘，
醫院並且根據他的心臟狀況建議他多休息）。戴維斯太
太則另外接受評鑑。兩人的評鑑分別顯示出他們在身體
與心智方面，分別有不同的需要；但是兩人都很清楚地
表示希望可以在一起。當戴維斯太太不在身邊時，戴維
斯先生無法放鬆；而戴維斯太太則很擔心丈夫的情況。

工作人員試著為他們尋找一個共同的安置處所，但
是這個地方必須能夠滿足戴維斯太太在心智上的需要，
同時又能照護戴維斯先生的身體。這表示，如果真的找
到這樣的地方，那麼戴維斯先生必須和其他有認知問題
的人住在一起。於是，工作人員試驗性地讓這對夫婦搬

進一個與其他人共用的住所裡，並且安排每週一次、持續四週的檢討。不管如何，戴維斯先生開始瞭解妻子的需要，同時也覺得和這麼多神智不清的人住在一起，是一件令人非常疲倦的事。但是他還是覺得，如果他自己搬回家，他會很想念戴維斯太太。同時他也擔心這麼一來，要再住進療養院恐怕也很難了。於是他試著繼續住一個月，一方面工作人員讓他和心智問題較輕微的人住在一起，另一方面也讓他在這個機構中獲得一些社會性的支援。社工人員每週訪視他一次。

社工人員對戴維斯先生的訪視很重要，因為這樣一來，戴維斯先生有機會與他信任的人傾吐他的煩惱。工作人員傾聽戴維斯先生對這個安排的想法，並且把他的想法回饋給機構的工作人員作為行動之參考，特別是有關如何照護那些心智問題較輕微的人。戴維斯先生談到這個安置場所的限制，也思考要在下一次的訪談中說些什麼。他分享自己對未來的煩惱，包括他擔心親人不再來看他，同時也說出他對戴維斯太太的感覺（專注的傾聽、探索性的問題、釐清、歸納、情緒的討論、同理心）。工作人員並處理一些實際的問題，例如擬訂遺囑、處理財務事宜等。很不幸的，在第四週的檢討之前，戴維斯先生的心臟病再度發作，並且回到醫院。

這個介入行動簡單地描述了一個典型的年老夫婦案例，顯示了社工人員稱職地完成法律上所要求的評鑑工

作，使案主獲得適當的照護並對此安排進行檢討。在程
序的架構下，工作人員和戴維斯先生建立關係，使其他
重要的工作也得以完成。工作人員有效地運用諮商技
巧，幫助戴維斯先生表達想法、並且在預算許可的範圍
內容許他做出自己的選擇。

　　剛開始的時候，能夠和妻子在一起，對戴維斯先生
來說，比他在行動不便方面的需求更重要。當他對太太
的憂慮開始侵襲他時，社工人員運用諮商技巧，試著幫
助戴維斯先生談談一些無可避免的結果。很快地，他談
到了妻子日益惡化的精神狀態、他自己無法照護她、對
於搬出家裡覺得很擔心、也擔心自己每況愈下的健康狀
況。他想要盡可能地照護妻子，但是相對於戴維斯先生，
妻子的身體狀態顯然比較好。他對社工人員說到自己對
於死亡的擔憂，也提到往後再也不能和一直守在身邊的
妻子說話。他還提到無法解決的各種家庭問題。工作人
員後來再回想這件事時，他希望當時自己可以多和戴維
斯先生談談他對妻子的擔憂，因為他在第二次心臟病發
作進入醫院後就過世了。

　　工作人員以 Scrutton（1989）的研究為基礎。Scrutton
寫道：「簡單來說，諮商技巧就是和經歷情緒與社會壓
力的人，建立關懷、同理心且體諒的關係，傾聽他們的
煩惱並且以共鳴回應」（Scrutton 1989: 6-7）。

　　在介於評鑑與檢討之間的那段時間，工作人員妥善

地運用個人的技巧，表現出無條件的正面關懷、同理心的瞭解與真誠的態度，但是同理心的瞭解並非意味著否定問題的存在。工作人員後來檢討，在談論較困難的議題、給予案主表達恐懼和憂心的機會也許還不夠多。有時候，社會工作的角色也意味著提供可能最有幫助的建議。然而，在社會工作的角色範圍內，工作人員可以多傾聽戴維斯先生的希望，探討他因身體狀況惡化而失去社會角色、朋友、家庭與終身伴侶的感受。

這一類技巧可以用來協助、甚至限制選擇。一個完全採取行政取向的社會工作，非常可能導致去權（dis-empower），以及也有潛在的年齡歧視。年老的服務使用者面對的是，地位與認同的實質喪失與疾病和失能現象的出現，影響他們處事的能力與方法。隨著朋友與配偶一一生病、死亡，老人們也感受到自己離死亡越來越近。當這些限制漸漸增加，工作人員要更尊重老年人的能力，盡可能讓他們運用自己的控制力。在官僚的行政程序內，在實務中一個正面的選擇可以採用個人中心取向。

志工部門的機構

到目前為止，本章已經探討在龐大官僚體系裡的社工實

務。然而，社會工作服務的提供者並不只有官方人員。志願性、慈善性和私人組織也扮演重要的角色—聘用合格的社工人員、訓練社工人員、對大眾直接提供服務。諸如 Barnado's、兒童協會和全國兒童虐待防治協會（NSPCC）等兒童福利服務、MIND、MENCAP 和關懷老人等成人服務，都是這一類的機構。社工人員分布在各種服務機構中，例如居家服務、酒精與藥物諮詢服務、家庭中心、兒童與成人療養院服務、諮商中心與支持性服務等。

　　許多這一類機構都提供需要高度諮商技巧的治療性服務，並且直接涉及諮商工作。因此，在各種大大小小的組織中工作，都必須有效而可靠地運用個人技巧。在規模較小或層級較少的機構中，工作人員有機會擔任各種不同的任務。舉例來說，家庭服務組織（Family Service Unit）是一個全國性的龐大組織，它是由地方上很多小單位所組成，有各種不同的服務型態，包括社區服務、社團工作、以及密集性的個別家庭支援，並且以諮商取向為基礎來運用治療技巧。證據顯示使用者對於經常性且易接近的協助機制，有良好的回應。這使工作人員有更大的創造空間運用其方法與介入。家庭中心顯示這種組織性的取向能夠發揮效果。

▶▶ **實務範例**

　　家庭中心的一名為父母親服務的社工人員，根據女性主義取向與認知模式，對一位年輕的母親進行諮商，這項

工作並不能在一般的社會服務部門進行。露易絲是一名母親，她因為憂鬱症而尋求個人諮商協助。該中心的開放政策使露易絲可以獲得每週一次的結構性諮商機會，並且得到正面的成果。當整個歷程結束時，露易絲說她覺得自己可以把問題分開來看，並且找到努力的方向。她瞭解到，自己的需求和家庭的需求是一樣重要；雖然有時候她還是不快樂，但她已經很清楚這些不快樂有一部分來自以前的經驗。工作人員的結論是：「對我來說，露易絲告訴我的話讓我知道我們的諮商已經達成一些正面的目標。」

　　另外一個例子是在社區照護（1997 年 7 月 23 日）中進行。社服機構與一個家庭共同處理兒童遭受親人性侵害的案件。經過了監督與個案的討論會議之後，促成了一些關於家庭動力與兒童行為的行動建議。該名兒童的母親寫道：

　　我們想知道這項工作是否可以在家庭中心裡進行，不只因為那個地方的友善氣氛，同時也因為我們和那裡的工作人員已經建立起關係。

　　我們會盡全力與家庭中心一起努力，因此我們不需要再回去參加個案討論會議。我們知道，過去不敢直接承認對琪雅倫的傷害，是一件多麼愚蠢的事情，但那是因為我們很擔心，害怕孩子被帶走。

> 回想起來，我們從家庭中心得到了許多協助與
> 支援，不只是對孩子而已，對我們的婚姻關係也有
> 很大的幫助。我們體認到，官方的社工人員並非總
> 是有時間長期輔導家庭，但是家庭中心可以。
>
> 如果要家庭與兒童以夥伴的關係與社工人員合作，
> 這只會發生在使用者的選擇是自願的，而不是基於受到
> 脅迫。信賴的氣氛可以促進這一點，而恐懼則只會導致
> 掩飾與逃避。在輔導家庭方面，家庭的力量取向（strengths
> approach）之成效良好，文獻的記載頗多（Whalley 1994；
> Scott and O'Neill 1996），至於採取以關係技巧為基礎的
> 賦權取向，一方面不會失去焦點，另一方面不會喪失權
> 威性。

機構間的合作

不管是在組織內或組織之間，社工人員都需要具備諮商
技巧才能有效地工作。許多兒童照護或成人心理健康服務之
所以失敗，都是因為機構之間的溝通不良所致。高品質的語
言互動是必要的，謹慎地評鑑其他機構可用的資源、小心地
進行確認與回應、提出問題或挑戰的能力、建立體貼但有界
限的專業關係等，都很重要。

　　相關機構之合作的重要性，是兒童服務法律架構中的重要原則。在兒童保護評議報告協力保護兒童：機構互助合作計畫中也重申這一點，其中提到的機構包括社會服務、健康、教育、警察、觀護與志願性部門。

　　Reder 等人（1993: 71）指出，對於急難兒童的責任與義務議題，降低了各學門之間的合作關係：

> 我們的經驗是，在一些不同的情況下可能會導致專業系統的封閉性。舉例來說，工作人員可能因為過度執著而無法稍微往後退一步，因此堅決地繼續針對原來的焦點而努力。此外，兒童保護工作的壓力可能使工作人員尋求盟友，以分擔焦慮並且確認信念。有些工作人員非常狂熱地相信自己的看法，因此，當受到挑戰或質疑時，很容易流於固執與武斷。

　　這意味著焦慮感可能導致否認或投射等防衛性行為，使工作人員無法考慮其他的觀點或行動方案。當不同的機構──如來自警方、社會服務、健康或家庭事務的工作人員，對於行動方案產生歧見時，減輕對方的焦慮感、降低其防衛行為、引導其進入解決問題的對話中，是很重要的工作。一個機構很可能會把事情不順利的原因歸咎到其他機構身上，而非退一步反省自己、適當地承擔責任、或進一步協商可能的做法。同樣的，瞭解各種不同的觀點或角色之間如何達成均衡，是

防止共謀（collusion）的必要步驟，這麼做可以避免決策歷程過於草率。

　　社區照護工作之間的均衡關係可能建立在成人服務工作、健康人員、社工人員、親人與使用者之間。在這些情境中，要達到最佳效果，都必須仰賴社工人員的技巧。健康狀況不佳或失能的成人以及精神疾病患者都需要有跨學門的協力合作，才能整體地滿足他們的需求與避免悲劇的發生。當專業人員之間無法成功地溝通與合作，可能反而使成人或兒童陷入危險：

● 雖然專業人員受雇於不同部門、承擔不同的責任，但是彼此在知識、理解與整體的目標方面都有相當多重疊之處。由於各種領域的專業人員都可能運用諮商技巧，這些技巧可能有統一的因素，可提供共同的語言與做法。

● 跨學門研究與訓練對於態度的發展、合作的經驗、技術的分享都扮演關鍵的角色。

● 知道誰何時應加入，是提供無接縫（seamless）跨學門服務的第一步。在知識、理解、訓練、及目的之間存有明顯的關聯性時，應該為這些關聯性建立橋樑，以便採用最有效的方式動員資源、提供服務給使用者。諮商技巧可以用來實現這個目標。

● 理想上來說，擁有各種不同領域專業知識的社工人員，可以扮演中間人或協調者的角色，他們在諮商技巧上的

根基可以有效地溝通，並且提升專業判斷的有效性。

針對跨學門合作的溝通議題，Murphy（1993）提出了實用的看法：「身為實務工作人員，我們重視個人的技巧，但是未必會用在同僚身上」。他提醒讀者有必要：

● 專注地傾聽同僚說話；
● 重視別人的意見；
● 尊重其他人的貢獻；
● 認識自己與別人的壓力；
● 樂於提出問題；
● 認識溝通上的結構性障礙；
● 探索不同的意見。

以這些基本的諮商取向和同僚相處，並且小心地遵循程序原則，可以促進機構之間的決策與溝通。

專家級的諮商服務

諮商技巧有助於社工人員在組織裡與組織間的工作實務。本節擬討論在某些組織中，扮演專家角色的社工人員需要更進階的諮商技巧。此處涵蓋一些關鍵的主題，但是在許

多場合下，社工人員透過諮商技巧都可以有所貢獻。立即性
的協助通常可以幫助案主；相反的，為案主引介昂貴而遙遠
的服務，導致一再的拖延，可能會造成反效果。這種情形下，
如果社工人員可以先提供簡單的諮商服務，可能有助於解決
立即性的困難。在某些專門機構的工作人員顯然需要具備特
定工作領域所需要的進階技巧。

領養與撫育

將父母的權利從一組成人轉移到另一組成人身上，或暫
時將孩子交給其他人照護，是一件敏感的工作，社工人員在
介入這種工作時，需要具備良好的諮商技巧。有關領養及其
後續工作，是為了幫助個人適應某些複雜的環境。Jacob（1985:
15-20; 1996）對此有詳盡的說明。有些問題是：為了讓更有
能力的人來扶養孩子，親生父母不得不作出痛苦的決定，此
時心中會感到失落與內疚；領養者必須「承認」他們的小孩，
並且處理對親生父母的愧疚及／或感激或其他感受；對於小
孩而言，他可能會有「被遺棄」的感覺，也會對自己的身世
與認同感到好奇。關於追蹤親生父母或阻止追蹤及其產生的
各種反應，需要特定的輔導。地方政府在法律上有義務要提
供這一類的服務。在志願性組織中，這些工作通常由受過特
殊訓練、具備知識、敏銳度與進階諮商技巧的工作人員來進
行。

受虐兒童

　　所有的兒童受虐事件都應該審慎處理。地方政府兒童服務的社工人員須處理兒童保護事宜，因此有必要施予專業的在職訓練，使其有能力協助曾經在身體或情感上受過傷害、遭到性侵害的孩子。前面的案例說明了工作人員如何運用諮商技巧以推動工作。有些工作人員接受進階的訪談技巧，使他們在面對有關兒童受虐案件時，可以對兒童進行訪談，以作為法庭上的證詞。多數的社工人員在工作上都涉及受虐事實的揭露及相關的法庭程序。

　　兒童在這個階段並非總是有機會獲得專業的治療協助。不管如何，有些任職於志願性機構的社工人員此時可以提供協助。也有針對兒童提供的電話諮商服務，目的是為了讓孩子掌握整個歷程，並且從轉介至各種直接服務的建議中做一選擇。對成人與老年人而言，他們的童年經驗往往也需要受到了解，這項工作有賴專業的諮商經驗。兒童與家庭服務以及其他治療單位會任用曾經接受過在職治療訓練的社工人員，以促進工作的完成。

學習障礙

　　越來越多人都體認到，學習障礙的成人與兒童應該擁有更多的機會與選擇。有關溝通與瞭解的新概念已經使這項工作向前邁進了一步，除了更謹慎地思考降低權力差距的方法以外，尚須真誠地創造一種治療性的接觸，讓服務使用者的

心聲獲得傾聽。Brandon（1989）的著作《相互尊重》（Mutual Respect）探討如何使諮商有效進行，內容包括了語言治療法、音樂治療法、與藝術治療法。

安寧照護、死亡、及臨終

社工人員工作的健康照護機構也會有諮商員、專業治療師、醫學專家等。其中有些人主要負責實際的事務與照護的規劃，有些人則扮演治療、諮商的角色。然而，這樣的區分並不實際，因為在關懷臨終者與喪親者時，情緒上與實際上的協助都是必要的。在這些情境中工作必須受過進階訓練，包括對喪親者的諮商、對於死亡與臨終的態度與感受；同時，工作人員對於自身的感受、工作對自己的影響等，也都應該保持自我察覺。他們需要進階的技巧來從事這份工作，並且在必要時有能力引導案主接受適當的諮商服務。志願性部門常常處理這種案例，特別是安寧照護、子女死於重症或瀕臨死亡的父母。也有服務是針對一些嬰兒猝死的父母而提供。

災難與危機

地方政府與健康、警察或其他服務機構會一起合作處理類似火車意外或空難等緊急危難。社工人員常常加入專業團隊，與專家共同協助生還者或罹難者家屬走出陰霾。這種工作需要關懷與同情，甚至只是純粹地「陪伴」案主，同時也了解創傷的影響，並從事創傷後的壓力諮商。重大打擊或危

機對涉入者所產生的長期影響，已有明確的紀錄。人們在面
對生命的困境時，經常選擇社工人員作爲知己，因爲社工人
員會敞開大門等待需要協助的人。有時候，家庭暴力事件或
悲劇發生時，社工人員已經介入了家庭。在這種情況下，社
工人員們會發現自己無可避免地需要從事諮商的工作，而且
必須運用到某些特別的技巧。

酒精與藥物濫用

　　協助藥物濫用者是目前的重點工作之一，對於處理心智
健康、兒童與家庭事宜的工作人員來說更是如此。酒精與藥
物濫用是導致犯罪行爲的重要因素，同時也是觀護工作中很
重要的一部分。所有的社工人員都需要對酒精與毒品的議題
有基本的認識。他們必須留意相關研究，以了解哪些諮商技
巧可以獲致較好的效果。舉例來說，研究證實，對於犯罪行
爲幫助最大的諮商是認知取向。很多社工人員所任職的專業
機構，會針對酗酒者或藥物濫用者提供建議或諮商服務。某
些特定的取向將需要進一步的合格後知識與諮商技巧的訓
練。

摘要

　　有些社工人員所面對的工作，只需要使用基本的諮商技
巧；但是有些工作則需要接受更進一步的訓練。社會工作也
可能涉及生育或遺傳、心理健康問題、更年期、及 HIV、AIDS

等諮商。在這些領域中的社工人員，通常需要組成跨學門工作小組，以協調照護事宜與分享方法。工作人員必須審慎地釐清哪一種諮商技巧最適合哪一種情境，以避免在做法上有不必要的重複。

結論

在不同的組織裡工作，社工人員必須具備許多技巧，包括從在龐大官僚中找出平衡職權的方式，至在小型的組織中學習自主地提供照護服務給案主。將諮商技巧延伸使用，與同僚及案主維持良好的溝通，可以大幅地促進在各種組織中進行有效而富彈性的工作時之專業水準。

第七章

專業資格的發展

　　社工人員必須有能力負起學習與專業發展上的責任。雖
然很多角色與任務是程序導向,有明確的督導方針可以依循,
但是仍有相當多專業判斷的空間。在介入行動中要達成目標,
有賴工作人員選擇適當的工具,以符合道德與負責的方式,
與案主一起努力。身為一個成年的學習者,社會工作受訓者
與工作人員一方面會受到行政長官與同僚的支援,一方面也
要對自己的發展與實務有所貢獻。因此,合格的工作人員必
須證明自己能夠:

　　　　管理與評鑑自己發展專業資格的能力。

　　　　　　　　　　　　　　　　　　　（CCETSW 1995）

　　這意味著工作人員能夠:有效地運用督導;確認輕重緩急,
並且安排自己的時間表;妥善處理與管理資訊;以專業的態
度回應意外的機會或問題;必要時可以做出決定;知道何時
應該接受建議;維護、批判地評鑑、及發展自己的專業實務;
知道自己的壓力與接納建言;對團體的討論有所貢獻;察覺

與質疑自己的價值觀、偏見、及此等對工作造成的影響；處
理複雜性；解決困境；與別人協商；有道德感；運用相關研
究的資訊來提昇工作的品質。

　　整個生涯的專業發展對社工人員或其他人而言，都很重
要。合格後的課程與進階的課程是為了打下扎實的基礎，也
使受訓者重新評鑑自己面對複雜工作的能力，並且促進對別
人的瞭解。此外，所有的工作人員都應該跟上變遷的腳步，
包括法律、新的研究發現、及其對各機構造成的影響。近年
來的快速變遷使這一點變得格外重要。

　　本章的重點在於探討督導（supervision）的經驗，這對
任何工作人員的專業發展都扮演重要的角色。督導促使工作
人員：確認執行工作的方式適合服務使用者與機構；尋求不
同、更好、更適合的工作方式；提供工作上各種議題所需的
支援；在處理一些需要與不同的部門或組織合作時，可以獲
得協助。

　　修習社會工作的學生每週通常會固定接受九十分鐘的督
導，社工訓練課程也會在機構之職位安插前的工作協議中說
明這一點，對於實習課程的教師會做此要求，並提供相關準
則。可惜的是，在目前的社會工作中，這些可能是工作人員
唯一經歷過、令人滿意的督導經驗。這是令人憂心的現象，
因為督導的主要功能在於使工作人員盡可能提供最好的服務
給使用者，並且避免工作人員剝削弱勢成人或兒童受保護的
權利。如果機構無法支援、監督工作人員，很可能使案主喪

失更好的服務機會或更多的資源選擇性。所有的工作人員都
應該希望接受定期、有計畫的督導，其中有些社工人員的確
以這種方式曾經接受過高品質的支援與管理。

　　社會工作中的督導很類似諮商工作中的督導，兩者都包
括心理動力論對歷程的瞭解。在這兩種工作中，由經驗豐富
的前輩來引導新手，是很常見的情況。不過，和諮商工作不
同的是，在社會工作中，通常是由負有行政管理職責的人來
擔任督導任務。

　　Kadushin（1997）針對社會工作中的督導，提出影響深
遠的說明。他檢討美國從 1920 年之後的社會福利對於督導的
研究與歷史，並且評論目前的發展狀況：

　　　　過去八十年以來，督導工作中的行政管理、教育、
　　與支援三種元素之間，顯示很大的變化。教育性督導
　　在二〇年代到三〇年代時，佔居主流位置；五〇年代
　　和六〇年代時，社會福利的持續發展與多元化，使行
　　政管理的督導躍升至舞台中心。

　　　　　　在六〇年代至七〇年代早期，隨著社工人員
　　角色與行為受到越來越多的關注，逐漸對督導產生一
　　種反動現象。當人們開始注意受壓迫的下級團體的權
　　利時，受督導者便被視為受壓迫者，並因而出現了從
　　督導控制中解放、強調參與民主與督導關係中的相互
　　依存性等呼聲（Mandell 1973）。

> 七○年代對於負責的關切,強化了督導中的
> 行政管理層面;此時人們也開始「發現」與探討社工
> 人員的耗竭現象,因而也強調督導中的支援性元素。
> (Kadushin 1997: 14)

Kadushin 的研究對督導與諮商的角色和功能,提供了詳盡的探討。此外,英國地區也有許多相關的研究資料,其中影響最深、最具實用性的堪稱 Hawkins 和 Shohet(1989)及 Morrison(1993)之研究,他們對督導的功能做出如下的定義:

● 管理;
● 教育;
● 支援;
● 調解。

此外,Pritchard(1995)也提出了實用的見解,說明各種不同機構與服務使用者對督導的關切,包括現場工作、日間護理中心、志願性部門、社會福利單位。在緒論中,她寫道:

> 我很幸運的是,不管是在學生時代或開始工作之
> 後,都能夠定時接受嚴格的督導。我知道這並不尋常;

許多工作人員和行政管理者並不認為督導是一件重要的事，也未必把督導視為首要任務。我已經見識過工作人員缺乏督導、同僚間各自為政所導致的後果。在這種士氣低迷、壓力沉重的時候，督導對於所有工作人員來說，都是非常重要的。

另一本針對社工人員接受督導的需要而寫的著作是《兒童保護工作人員之督導》（Staff Supervision in Child Protection Work，Richards *et al.* 1990），由全國社工協會（National Institute for Social Work）出版，其中一篇重申督導的四種主要功能──管理、支援、教育與調解，作者並且進一步說明：

有關督導的資料都會慣例性地提到督導的三種主要功能（Kadushin 1997）。

管理功能：確認工作人員了解、遵循機構的政策與實務；擬訂工作之順先順序與分配；工作量的控制；擬訂目標與評鑑已完成的工作。

教育功能：協助工作人員持續學習與發展專業能力，使他們可以因應社會與組織的要求，並且根據變遷的需要，以最新的方法從事其工作。

支援功能：協助工作人員處理因工作所產生的壓力。

為了因應快速變遷的步調，以及與其他機構或專

業領域合作的需求（特別是有關兒童保護方面），我們
應該加上第四種功能。不管是向管理階層反映工作人
員的需求，還是協商需要哪些服務的配合，或向機構
以外的人說明工作團隊在法律與資源上所受到的限
制，都必然需要進行調解。這種代表工作團隊，並且
使其他人一起投入服務之傳遞的能力，對於第一線的
行政管理者與督導者，都是重要的角色。

（Richards et al. 1990: 14）

因此，從研究中可以了解督導在社會工作中的功能與歷
史，同時也可以觀察到管理與協調日趨重要。此外，雖然沒
有特別說明，但是這些功能的內涵中都有大量的評鑑和評價
的成分，因爲部門的經理人可能是負責督導與評鑑工作人員
的人，當工作人員謀求其他職位時，往往也是部門經理人爲
之撰寫推薦函。當督導者既是團隊的領導者，又具有上述各
項功能時，想要兼顧各種面向，自然會使督導的工作變得既
雜且困難。因此，有人強烈建議以其他方式安排提供個人支
援與教育的督導工作，例如透過同僚之間的互助或小組討論
的方式進行。

因此，儘管對於督導的重要性有所體認，也了解日漸增
加的工作壓力的確需要良好的督導，但是社會工作中的督導
似乎還是支離破碎。這方面的問題在知識與實務之間的差距，
正好與諮商工作形成強烈的對照—諮商工作的所有層次都非

常強調詳盡而緊密的督導。我從以前的學生與實習教師身上、以及社工人員欠缺良好督導的相關研究中，都發現了這個情況。

Marsh 和 Triseliotis（1996a: 1）寫道：

新進合格的工作人員在實務中會面臨一個主要問題。入門性課程通常品質不佳，在職訓練課程的規劃也不符合他們的需求。社會工作中有百分之廿五的新進人員認為自己在開始工作的第一年，並未獲得督導；而且有更多人認為社會工作中的督導缺乏規劃而紊亂。

Cleaver（1998: 40）和同事寫道：

如果社工人員所置身的基礎設施未能給予支援，則不管是實務的工具或額外的訓練，都無法幫助他們做出更好的決策。英國健康部發表的一項研究顯示，社工人員接受的督導在品質上的差異甚鉅，許多時候，不熟練的工作人員必須獨力面對艱難而棘手的情境。

在實務工作上，儘管有一些模式可以運用，但是很少有行政管理者接受過督導技巧的特殊訓練。督導能力絕大部分都以「學徒制」的方式進行，在這種制度中，新的督導者很可能把施壓當成賦權，也無法正確地評鑑實務的優劣。

觀察報告經常發現，地方政府為缺乏經驗的新進社工人員所提供的督導非常有限。以定期而結構性的方式，向經驗豐富的行政管理者請益或諮詢關於實務上的問題，對於專業發展有不容輕忽的重要性。

▶▶ **實務範例**

在這個例子中，工作人員在有益的督導下，著手處理一個案件，其中諮商技巧的運用促進了工作與督導歷程的流暢。工作人員面對的是傑生的刑事判決問題，他有兩個主要的任務：向法庭提出關於此一案主的報告；在法院作成十二個月的觀護命令之後，工作人員必須與傑生一起了解有哪些因素導致傑生的犯罪行為。

為了瞭解傑生並擬訂工作計畫，工作人員採用 Hardiker 和 Baker（1988: 40）的三層次分析來檢視傑生的處境：

1. **結構性**：了解不平等的現象，並且探討此種不平等如何透過社會階級、性別、年齡、傷殘、種族及地域性的差異而受到強化。
2. **組織性**：探討需求及資源分配與個人困境間的關係，以及社會工作如何介入，以幫助人們獲得需要的資源。
3. **互動性**：了解如何以結構性與個人性的因素來探討

個體的困境。

　　在管理者的督導下，工作人員在這樣的分析下找出三種策略：挑戰犯罪行為；幫助傑生改變；幫助他建立較有建設性的生活方式。

　　傑生在育幼院長大，成長歷程中有很多需求都未受到滿足。工作人員因此設定了照護與控制的議題。工作人員在取得資格之前曾經擔任教養院的看護員，他參考過去的經驗來了解傑生。他以其專業知識及過去在教養院的工作經驗，思考傑生在十四歲之後就居無定所並由不同的人來照護他，工作人員獲得一項結論：傑生的生活的確非常貧困且支離破碎。

　　工作人員對於教養院的負面印象與觀感，影響了他的客觀性。因此，在報告的草稿中充斥著這方面的細節。此處，督導發揮了重要的功能，一方面分析與討論這個案子所引發的各項問題，一方面則確認工作人員向法院提出的報告是否只就適當的安置方式提出看法與主張。然而，問題仍然未獲解決，因為該工作人員認為「社工人員的自我與個人風格，不可能完全從工作歷程中抽離」。

　　就教養院的照護對人們未來生活的不良影響而言，該工作人員掌握了第一手知識。他針對這一點與督導討論，並且運用他對教養制度的知識，檢視案主過去居無

定所如何影響他形成現在無法安頓的生活方式。他們獲
得的結論是，傑生在情緒與行為上的問題，源自於他過
去的孤兒生涯；這個看法除了從個人經驗加以探討以
外，也援引相關的研究發現（離開公立教養體系的年輕
人）來證實。

案主現在已經是一名父親，但是他面臨失業的窘
境，也表達了對於居住問題與救濟機構的失望，更以犯
罪的行為發洩自己的不滿。工作人員於是陷入兩難：一
方面他必須與案主建立有益、支援性的關係，另一方面
他必須扮演權威性的角色。後者是工作人員無可避免的
任務，因為他必須預防傑生違反國家對犯罪者所設定的
行為限制。畢竟在監督與復權（rehabilitation）的工作中，
原來就有含有明確的社會控制色彩。為了在這種情境中
達到目標，他搜尋相關的資料，其中有些論者認為這兩
種角色事實上可以結合而不會彼此阻礙，有些則持相反
的看法。於是他針對照護的義務與代表社會所進行的控
制這兩者的專業角色議題，與督導者進行深入的探討。

秉持以契約為基礎及以任務中心的原則，督導者使
用國家所規範的界線來建構與聚焦這項任務，以幫助工
作人員結合這兩種角色。案主雖然無法恣意地從中退
出，但是改變的機會卻常常稍縱即逝，因此，工作人員
必須把握潛在的機會。又或者案主儘管表面上看起來很
服從，但是卻可能以沉默或封閉來表達反抗，因此，角

色結合的有效性高度倚賴工作人員個人的技巧。

　　由於工作人員擁有過去在教養體系裡的經驗，他「直覺地運用他自己」。「傑生不只需要我實際的支援，也需要我理解他的經驗，以及作出回應」。工作人員在一種開放的關係中表達出關懷與真誠，但是也維持了清楚的界線與結構性的面向。在同情心與同理心的掙扎中，工作人員發現「我所受到的專業督導是無價的，它使我獲得足夠的空間與時間來反省這些議題」。

　　他們達成一項工作協議，內容包括居住、就業、關係、自我形象、與信心等主題。工作人員運用個人的技巧，以認知行為取向入手，並且採取任務中心導向來處理一些實際的問題，他發現「建立關懷與真誠的關係，是導致改變的必要條件」，然而，主動、指導、與挑戰，則是監督角色所要求的態度。

　　督導已經在教育與管理兩方面協助工作人員；現在，工作人員持續進行這項複雜的任務，而督導者則扮演支持的角色。有一次，在等候室發生了一件超出工作人員所能控制的事件：傑生覺得工作人員所說的話似乎在羞辱他，因此爆發了言語上的攻擊行為。督導者一方面協助工作人員釐清自己的感受，另一方面則透過這個事件與傑生一起探討其內心的想法。督導者扮演調解者的角色，在辦公室中將這個問題做了令人滿意的處理。後續的工作相當重視案主自我貶抑的傾向，他的憤怒被

視爲啓動改變的開始。

　　在居住問題方面，工作人員發現傑生以勉強與逃避加以防衛。他會答應做某件事，但卻不遵守諾言。舉例而言，社工單位熱心地爲他安排一間公寓，但是他卻未依約出現；後來他取得鑰匙，卻還是沒有去看房子，也沒交還鑰匙。工作人員不得不押著傑生一起把房子的事情搞定。工作人員覺得自己有必要向傑生面質他對於完成某件事情所懷有的抗拒心理與蓄意破壞，包括他對醫師、就業機構、或戒酒的忠告等，常常都未能信守約定。因此，他的「自我貶抑」是以憤怒與消極的敵意作爲發洩管道，而非信心與決心。

　　這些連結都在督導的歷程中加以反省釐清，工作人員自己說：「我並未發現傑生需要高度的支援，才能學習獨立地生活。他雖然有能力做到，但是卻缺乏動機與信心。我想我對傑生的要求過高；事實上，一些簡單而不難應付的任務，更能夠賦權給傑生，並且更能建立他的信心。這樣的了解是藉由不斷的反省而獲得，我因而體會到持續不斷地反省與調整改變，是非常重要的。」

　　工作人員相信傑生有能力改變。他想要有自己的房子和工作，也想要過「正常」的生活。在案主的生命歷程中，由於他的外表、教育、及社會與家庭的網絡，一直使他面臨不平等的對待、失業、無家可歸、與歧視等問題。他後來又找到一間公寓，也開始了解自己可以改

變自己的負面想法。這個歷程在一種真誠而穩固的關係中進行，這個結合照護與專業的關係，雖然需要很多時間經營，但是卻很有收穫。工作人員的誠懇、知識與技巧，加上督導上有效的反省與管理，促進了這項工作的發展與改變。在分析案主的抗拒時，他們避免過於簡化地將案主貼上標籤，或責難他缺乏行動的信心。以傑生的背景、機構的限制、與社會的不平等為基礎，來建立對傑生的整體認識，證明是一種有效而縝密的規劃工具。督導者在督導關係中提供了一個值得信賴與開放的環境，促進工作人員能夠從支援、管理、教育與調解的督導中學習，並使其安心地探索這項工作對自己的影響。

督導的訓練

有些訓練在性質是針對實習課教師而提供，這些實習課教師經常視實習課的教導工作為管理職位的墊腳石。人們似乎理所當然地假設，負有管理任務者自然也會具備督導別人工作的能力。雖然督導者應該具備某些實務上的技巧，同時也應該擁有幫助別人完成專業任務的能力，才能建立有益的督導關係；但是這些看法大多來自假設，缺乏有力的證據。誰來督導這些督導者？

督導別人所需要的工具包括管理能力、釐清機構的目標與任務、對法律的了解，以及實際的工作經驗。除此之外，

能夠包容與紓解工作人員的焦慮，也是很重要的能力。工作人員如果無法妥善地處理焦慮感，將會降低他們處理事情的能力，並且造成壓力或引發疾病。這些能力除了基本的諮商技巧以外，也需要進一步了解權力動力以及影響工作人員績效的防衛與抗拒行為。

社會工作中的督導並不是對工作人員的心理治療，也不是一種個人的支援系統。但是鑑於任何有血有肉的人都會受到這種社會工作性質的影響，因此，管理者以傾聽、回應、檢查、及同理心作為支援，都是是很重要的。同樣地，在複雜的案件中，想要避免犯錯，督導者應該要瞭解工作人員的判斷力或理解力如何在壓力下受到扭曲。不管採取哪一種模式，個人的溝通技巧都是影響歷程順利與否的關鍵。工作人員需要花時間反省、分析自己所做的決策，同時也思索自己的反應中有多少個人的成分。

Hawkins 和 Scholet（1989: 77-9）在有關督導者的訓練與發展的文章中，提出一份供督導者進行自我評鑑的問卷，其中，主要的標題如下：知識；督導的管理技巧；督導的介入技巧；特質；持續發展的自我期許；團體督導的技巧；資深組織督導者的技巧。這個評鑑具有其實用性，因為它提供了評鑑訓練需求的良好基準線。管理者最好能夠撥出時間，沿著此一基準線來檢討實務。

督導工作的文獻也提供擺脫層級化、一對一督導方式的各種看法。雖然管理職責必須在組織中保持其適當的位置，

但是應多利用同僚或團體的支援安排，以暢通情緒的抒發管道與促進技巧的交流。很多組織都已經非正式地以此種方式運作，如果可以正式地認可這些做法，並且花一些時間在上面，對管理者與工作人員都會有所幫助。

督導課程對於管理訓練而言非常重要，而且應該兼顧實務與理論的教學。雖然整體的研究資料已經描繪出任務、角色、與功能的輪廓，但是較少注意管理者如何能結合溝通及介入的技巧與管理功能。研究已經證實（Dickenson and Bamford 1995），這一類的人際技巧可以透過練習而提升。督導工作也是運用諮商技巧的領域之一，透過諮商技巧可以把督導的管理、教育、支援與調處等功能作最有效的發揮。

督導的課程可以為管理者提供反省與擴充技巧的機會。舉例來說，萊斯特大學社工學院以遠距教學的方式，提供督導與教導（兒童照護）的研究文憑（Post Graduate Certificate in Supervision and Mentorship），使學員可以：「批判性地評鑑有關督導、引導與管理的各種理論與模式」。這門課程指出：

> 第一線的管理者／督導者在兒童福利工作中具有重要地位，許多調查研究都強調這一點，而最近由健康部出版的資料《兒童保護》也指出：研究發現……他們需要完善的知識庫與優良的個人溝通技巧，具備管理個人、團隊、預算與資源的能力，並且知道如何面對變遷、衝突與壓力。CCETSW 的合格後架構也要求督

導者必須具備發展與評鑑的技巧，同時也能夠持續地
更新自己的知識庫。

診療會議

不管督導者所受的訓練有多完善，也不可能在所有的事
務中都是專家。把握機會以非管理者的角色去參與診療會議，
接觸專家的講解說明，有助於擴充督導者的知識庫，並且在
各種特定的問題上貢獻專業知識。能夠以這種方式拓展自我
教育的第一線管理者，似乎並不常見，除非是一些有關法律
方面的議題。對於特定議題固定地接觸專家，是為負有督導
責任的管理者提供在職訓練的有效方式。

工作人員的諮商

如果日復一日、壓力沉重的工作導致個人問題的出現，
不論有多麼良好的督導，都無法滿足工作人員所有的需求。
在社會的思想中，諮商被認為有助於提供支援給面臨危機或
變遷的個體。近年來，這個看法已經受到質疑。論者認為，
壓力是一種正面的力量，諮商只會導致依賴文化的養成，唯
一的好處可能是為諮商員提供工作機會（Gordon 1995: 23）。
雖然諮商並非萬靈丹，而且擁有內在能量、個人支援系統或
其他興趣的人，也不必然需要諮商，然而，受過專業訓練的
諮商員以專業與整體性的角度提供情緒上的支援，有時候仍

然很有幫助。

　　從諮商的研究文獻與訓練中，我們很清楚地發現，「受到幫助」的經驗是發展助人能力中很重要的一部分。因此，曾經身為案主並不是什麼丟臉的事情，雖然有時從社會工作的層層節制的協助取向看來，好像不是那麼一回事。此外，在某些社工環境中，社工人員似乎被期望在缺乏督導的情況下獨撐大局，儘管他們必須承擔大量的工作、時間壓力和工作本身高度的急迫性。

　　令人遺憾的是，對實務工作具有清楚的價值觀、知識與技巧的專業人員，往往並不認為尋求協助或尋求個人支援是一種成熟而堅強的行為，反而視為軟弱的表現。專業期刊上一再針對這個問題進行討論，舉例來說，Dougan（1996: 12）寫道：

　　　　身為一名社工人員，過去幾年我參加過許多研習活動，現在則正在接受治療師的養成訓練，但是一直令我驚訝的是，這些課程中有教師、護士、或其他專業人員，但是卻很少見到社工人員的身影。

　　　　這和社會工作部門中許多固有的惡質環境有關。

　　　　似乎有一種觀念是，尋求諮商就是專業上有弱點的表徵。我的看法正好相反。

　　還有另一個明顯的現象是，受到救助專業吸引的人，他

們過去的個人經驗常常能夠使他們對於案主面臨的困境具有一種洞察力。雖然這可能成為一種絕佳的激勵因子，但是不令人意外的，大部份社會工作的性質有時候會引動救助者的反應。訓練，可以幫助新進的社工人員檢視自己的價值觀，以及瞭解社會工作會對他們造成的衝擊。在某些情況下，如果工作人員完全不受影響，恐怕會令人相當訝異。一名 West family 的工作人員，在處理一個性虐待、傷害與謀殺後的案件時寫道：

> 最後，那個孩子永遠地離開人世，照護團隊的工作也宣告終止……個人付出的成本很高。我們每個人都覺得自己無法再一次經歷這一切。這麼久以來，腦海中總是不斷地縈繞這個件事，無法讓它消逝。你會覺得自己再也不可能正常起來……。
>
> 之後，我們都接受諮商，其中有些人到現在仍然持續接受這些療程。我們組成一個小團體，在這個團體中可以放鬆地說出很多事，不必擔心有人會嚇到或生氣。　　　　　　　　　　　（West Social Work 1996）

社會工作的特性是，壓力與心力交瘁是一種常態。社工人員因為壓力或健康問題而請辭或退出，使社工機構的成本越來越高，因此，社工人員的人性需求有必要受到重視。North（1996）在【社區照護】中引述一名管理者的話：「在案件數

量的壓力下，導致原本應該花時間去討論特定的案子或某些
案子對社工人員的影響之時間受到壓縮，我們根本沒有時間
處理個人的問題」。在同一篇文章中，North 繼續寫道：「毫
無意外的，這個夏天展開的員工支援方案，在幾個月之後，
發現社福機構的工作人員是為數最多的使用者」。這項方案顯
示社工人員面對的壓力已經受到多麼長期的忽略，同時也開
始反省督導何以全然只剩下管理功能。工作人員需要其他的
服務來面對日益複雜的任務，以及社會大眾的攻擊與敵意所
造成的衝擊。然而，在提供這一類方案時，都應該將機構的
元素納入考量。正如 Carroll 和 Walton（1997: 1）提醒我們有
關組織中的諮商：

> 諮商從來就不具私密性。它關乎個人，但是並不
> 是秘密。即使把保密原則說得很清楚，即使兩個人（諮
> 商員與案主）定時地單獨會面，他們會面時的背景，
> 以及會面結束之後各自返回時的背景，都會影響接下
> 來發生在雙方之間的事情……諮商室擠滿了個人與制
> 度、團體與組織，這些都是兩個參與者生活中的一部
> 分。

他們提出一個支援的檢核清單，以供組織在考量提供員
工諮商服務時參考（Carroll and Walton 1997: 2）：

1. 組織如何看待這些尋求諮商的人——從正式或非正式的角度？

2. 涉入諮商是否會影響其工作生涯？

3. 組織中有哪些人會知道誰接受過諮商？

4. 諮商是否會成為管理者除去眼中釘、提供壞消息、懲罰別人、或迫使別人服從的手段？

5. 案主的哪些資料會給哪些人知道？

6. 組織如何從諮商服務中獲得意見的回饋？

7. 諮商員是否被視為組織的成員之一？這將如何影響他們的可信賴性？

8. 如果諮商員必須同時對組織與個人保持忠誠，會發生什麼情況？

　　這一類問題反映出員工在接受雇主所提供、關於法律與工作的服務時，所感受到的恐懼與焦慮。因此，這些圍繞著保密性與未來工作生涯的問題，必須在一開始就公開地加以釐清。仿效大學校園裡對學生提供的健康服務，為員工提供完全保密的服務，可能是幫助工作人員處理壓力的最佳方式，如 Walsh（1987: 283）所建議：

　　　　所有的人類制度——事實上，所有的人，都可以藉由第三者的觀點，來幫助自己定期地反省自己的行為。很多心理健康與社會服務的專業人員花了大量的

　　時間，為別人扮演這種諮商員的角色；我們也應該重
視諮商對這些人員的價值。

　　雖然雇主必須以這一類方案提供支援與諮商服務，以減
輕個人在工作上承受的壓力與危機，這是員工的權利問題，
必須構築在保密原則之上，而且不能視為工作人員每日例行
的工作報告。有效的策略包括承認與傳播員工的權利；尊重
員工的權利；確保工作人員每年有應得的休假；主動彌補工
作人員超時工作的損失；提供良好的資訊；提供小組會議或
支援團體能運作的空間；暢通研習與進階訓練的管道。

　　例行的督導歷程應該具有可靠性，而且不應只是為了確
認工作人員是否盡責地完成工作，而且要注意他們是否把沉
重的壓力埋在心裡。第一線的工作人員在面對工作上的重大
衝擊時，應該尋求充足的支援與協助。督導必須以接納、有
界限的方式，執行支援、教育、調解、與管理等四種功能。

結論

　　諮商實務與管理文化對於社工人員之專業能力的發展都
扮演舉足輕重的角色。Nucho（1988）、Catwright 和 Cooper
（1997）的研究對於職場壓力的管理很有用處。其中，Nucho
在書中提出五個領域供個人考量自我的運作：超個人、成就、
人際、身體、及心靈，這些人格的面向都可以和社會工作的
實務加以銜接，而且本書採取整體觀，這對實務工作人員相

當具實用性。

　　專業能力的發展，意味著必須將整個人投入專業機構所要求的各種功能中。支援性的督導、面對困難任務時有顧問可以諮詢、人事方面的措施、及相關的在職訓練，都是使工作人員能夠滿足這些要求的元素。

第八章

關係、能力與良好結果的諮商技巧

　　我在本書一開始，已經釐清了諮商與運用諮商技巧來促進社會工作之進行的差異。接著，我們並分別探討符合資格的六項重要能力、它們如何從社會工作的理論與方法之知識體系演繹而來，以及社工人員如何將這些諮商技巧運用到他們的工作中。我的結論是，人際關係技巧的重要性在於它以整體與負責的方式執行助人任務。我認為：

● 關係永遠是有效實務的核心；

● 重視與尊重別人的道德原則，是諮商與社會工作的基礎；

● 社會工作也必須以完善的程序為基礎，並以良好的人際技巧來促進；

● 社會工作也須處理有關生活變遷或危機等問題，這意味著社工人員必須扮演支援性的諮商角色；

● 工作人員日常的工作都顯示了諮商技巧的實用性；

● 有效實務的相關研究支持這些看法。

關係永遠是有效實務的核心

　　Biestek 的大作《社會福利工作之關係》（The Case Work Relationship）出版於 1961 年。Younghusband 是英國社會工作教育領域的領導人物，他在該書的序論中寫道：「想要分析人們的關係之性質，以及由社工人員來運用這種關係，通常會陷入危險的陷阱。」Buestek 自己則寫道：「了解關係的概念，未必就知道如何運用關係；唯有透過反覆而明智的磨練，才可能發展出技巧。不過，正如人類所有的努力，理解可以是技巧養成的幫手；了解良好的關係之所有元素，可能是學習技巧的第一步」（Foreward）。Biestek 提出六個影響深遠的原則：個體化、有意圖的情感表達、加以控制的情緒涉入、接納、不批判的態度、案主自我決定、及保密原則。

　　專業性的關係看起來似乎是個自相矛盾的詞，但這仍然是社會工作、健康照護、教育、法律、與其他福利機構在傳遞服務時使用的主要載具。很多不同領域的專業人員，都會發現諮商課程對他們的工作有很大的幫助，例如醫生、護士、教師、照護人員、企業家、道路救援服務、銷售人員、與稅務諮詢人員等等。在人際的互動中，關係的運用不能受到忽視；諮商、社會福利工作、及其他人際交流都可以經由諮商技巧的訓練而更順利。

　　社會工作一直以專業關係為運作的基礎，工作人員必須

與那些遭逢生命危機或沉重壓力的人們合作。服務使用者可能非常脆弱而容易受傷、也可能喜歡挑釁而懷有敵意、也可能是健康狀況極差、或因為社經地位低下而備受壓迫。不管組織在傳遞服務時的架構為何，社會工作都高度地仰賴以電話或訪談作為個人之間的接觸，這是兩個在權力或影響力上有差距的個體之間的互動。社工人員站在專業人員的立場，有能力給予或取銷服務，使用者則是尋求服務或被迫尋求服務。其他有關個人的面向—如性別、種族，也可能影響這些互動（見第二章）。工作人員是在機構的委託下，介入別人的生活空間。

英國健康部（1996: 4）指出：「相較於其他專業，社會福利中各層級的工作人員都很可能和脆弱的案主進行一對一的接觸」。接觸的性質使工作人員必須運用符合道義原則的技巧，在服務與照護中提供合乎道德、有界線、非污名化（non-stigmatizing）、促進、溫暖、運用同理心而接納對方的關係。關係的技巧是執行其他功能的基礎，因此，如果受訓者無法符合這個基本要求，很難想像他們如何繼續工作。如我們所知，社會工作中的多數互動都需要高度的溝通，並且努力讓所有的使用者也能投入。

諮商曾經被抨擊為過度強調「關係」；社會工作也受過類似的批評。在英國，曾因兒童死在照護者的手中，使社工人員被懷疑逾越關係，進而傷害到小孩，這種懷疑導致改變後來的兒童照護實務。在社會工作和諮商中的關係必須有正確

的界線，而且唯有在爲了完成符合道德且已取得共識的目標
時，才應該進入這樣的關係。此外，選擇適當的合作者，並
對於潛在的共謀或傷害保持察覺，特別當提升某一方的利益，
就意味著必須剝奪另一方較弱勢者的權利時。針對的到底誰
的需求與權利應該是社會工作主要的道德議題，這和諮商中
一對一的信賴關係是不同的。在社會工作中，工作人員必須
處理一系列互動複雜的關係：父母、孩子、祖父母、使用者、
照護者、犯罪者、社會。因此，在這些關係中可能具有衝突
性，而且也會以不同的方式處理保密問題。

　　社會工作常被譏爲過度官僚，而且往往爲了組織目標而
不惜犧牲工作人員與案主的期望。Joyce Brand（1997）在【獨
立】（Independent）期刊中曾經寫過一篇文章，她爲許多工作
人員的挫折感做了如下的歸納：

　　當 Shropshie 爲了保護組織的機制，捨棄以真誠的人際
　　關懷來幫助有需要的人們，而與政府妥協時，我終於
　　悲傷地放棄了社會工作。我不是唯一這麼做的人──地
　　方政府今年有八十多個工作人員提前退休。

　　在她的文章中，她並以早期的工作經驗描述人類與救助
工作的特性：

　　儘管我常常處理一些令人心痛的工作，我從來不曾放

棄我的樂觀和熱情。當一個罹患子宮頸癌的年輕母親，
敘述著她希望死後能夠留給孩子些什麼時，還有什麼
比這更令人動容？我也曾聽過一個受虐的女孩子痛苦
地說著過去的一切，並看到社工人員如何分擔她的痛
苦，以及助她一臂之力。

　　良好的組織、管理、程序準則、與政策，對於社會工作
實務是絕對必要的。有效的管理、易於掌握的表格、清楚的
方針和政策，都是照護工作的重要環節。它們有利於行動的
流暢，可以紓解困境並節省寶貴的時間。最重要的是，它們
可以讓工作人員變得更可靠，確保服務分配的公平性，保護
使用者免於黑箱作業之害，也可以避免工作人員擅用個人的
自主權。

　　然而，需求之間的競爭與衝突、大量的案件與資源的緊
縮，可能使工作人員將官僚制度當成保護傘。因此，我們必
須質疑，社會工作是否過度專注於機構的例行公事，導致無
法與使用者建立品質良好的服務關係。完全以機構所設定的
議題為重點，將淹沒使用者向社工人員求救的吶喊聲。

　　有關社會工作的能力訓練模式之議論，已導致其他人為
的二分法。有能力的實務並非指不講人情味的機械化程序；
在社會工作中的能力，也不是一系列藉著觀察就能評鑑的行
為。Jones 和 Joss 寫到專業主義的模式時指出，建立一個能
力的矩陣是可能的，從中有反省能力的工作人員可以組合出

一個整體性、有結構的配套，並作爲專業裁量時的指引。這
包括歷程與人際／互動技巧（Yelloly and Henkel 1995: 31）。

　　專業的關係和個人的能力仍然是有效的社會工作實務之
核心。不管法律、組織或程序的脈絡爲何，它們都是服務傳
遞的核心。如果忽略了這個面向，很難維持民眾的信心。在
英國實習教學協會（National Association of Practice Teaching）
的研討會中，兩位引言人也對此分別加以重申。全國社會工
作教育研究所（National Institute for Social Work Education）
的 Statham 提到社工教育的未來時，提出下列幾項重點：

● 學習處理變遷；
● 跨機構間的協力工作；
● 學習如何學習；
● 學習有彈性；
● 關係與程序在社會工作中的再度浮現（re-emergence）。

　　有人主張，關係風格的發展，不應只探討社會工作的角
色與任務，也必須了解如何完成工作，以及社會工作之互動
關係的品質。Dominelli（1996）並且補充說明，藉著了解案
主、社會、及我們之間的關係，我們會發現社會工作究竟是
什麼，以及我們如何教導與評鑑社會工作。對於社工專業史
的連續性與不連續性進行分析探討後，已經使未來的實務再
度以關係爲核心。

　　1997 年，這個問題在另一場以「在社工教育中，人們的地位、歷程、及結果」為議題的研討會中，獲得更進一步的發展。在研習會的開場白中，England（1997: 3）說，這場研討會的題目在於「指出社會工作必然以人為中心，也反映人們對於現在的社會工作普遍感受到非常不具人情味與非常工具性，這樣的發展方向對社會工作非常不利。」社工教育與實務的挑戰在於，整合個人化及關係導向的服務與可靠的組織處理程序和行政命令。以專業、清晰、內省、與人性化的方式所獲致的平衡，將操控著專業人員、民眾、決策者對整體服務的信心程度。

重視與尊重別人的道德原則
是諮商與社會工作的基礎

　　如上所述，所有的人際接觸都應該有界線，以界定哪些行為受到允許。這些界線可以增加人們對於權力的安全感與信心，避免權力受到剝削或濫用。CCETSW 已擬訂一組價值觀指南，以作為社工人員的行為方針。他們在工作中應該證明自己能夠：

● 認清與質疑自己的價值觀和偏見，以及這些價值觀或偏見對工作的影響；

● 尊重與重視獨特性與多元性，並能認清與運用各種人們的長處；

- 促進人們在選擇、隱私、保密與保護等方面的權利，同時也能理解與討論衝突性的權利與需求之複雜性；
- 協助人們提昇控制與改善生活品質的能力，同時也體認，爲了保護兒童與成人免於傷害，有時候控制別人的行爲是有其必要；
- 指出與分析歧視、種族主義、弱勢族群、不平等、與不公正等問題，並能採取行動，運用適合角色與情境的策略；
- 不以污名化的工作方式損及個人、團體或社群。
  （CCETSW 1995）

英國社會工作協會公佈社會工作的十二項原則，指出如何將知識、技巧與經驗正面地運用在社群與個人身上。

- 能爲所有社群與個體的利益正面地運用知識、技巧與經驗；
- 尊重案主的個體性，保衛他們的尊嚴與權益；
- 不因出身、種族、階級地位、性傾向、性別、年齡、傷殘、信念或社會貢獻多寡而對自己或別人存有偏見；
- 賦權給案主，促其參與決策與定義服務；
- 即使無法提供協助或有必要自我保護時，也要持續關懷案主；
- 專業責任重於個人利益；

● 為了案主的利益而與別人合作；

● 公開聲明自己的行為係基於組織的考量或個人的立場；

● 促進服務在種族與文化上的多元性；

● 遵守資料的保密原則，唯有經過告知同意或有重大危險
之虞時，才能例外洩漏；

● 追求能夠尊重上述原則的雇用條件。

　　我之所以一字不漏地引用這些原則，是因為社會工作實
務在日常的工作與決策中，經常具有這些道德面向。道德洞
察與價值觀可以作為遭遇衝突性問題時的參考，特別是法律
並未規範到的情形。這些道德的考量會反映在使用者與工作
人員間的關係，以及服務傳遞的結果。因此，道德準則是有
益的，但是應該根據社會問題的變遷如何為社會所定義而重
新評鑑。

　　符合資格的社工人員應根據專業規定行事，大眾並期望
他們會以遵守規定為榮。諮商與心理治療的難題之一是，有
些治療師的實務工作不具規律性。英國諮商協會的成立即是
為了解決這個問題，並擬定諮商員在道德與程序上應該遵循
的規範，這些規範和社會工作的價值觀是一致的。為了達成
代理服務的目的，工作人員必須檢視或使用者應要求機構或
個人的實務合乎規範。不道德的諮商工作和差勁的社會工作
都應該受到質疑。要謹慎地評鑑某些「諮商機構」或「諮商
員」的聲譽，他們的經驗與訓練可能相當有限，而且也不夠

負責。在現代社會工作的契約文化中，很重要的是：

- 尋求諮商服務者應該被告知自己對品質擁有控制權；
- 在考量是否需要轉介前，社會工作人員也應能在工作中運用自己的諮商技巧；
- 社會工作人員應知道自己的諮商技巧之專業範圍與限制；
- 社會工作人員應該知道哪裡可以爲案主謀求更進階的諮商或心理治療之協助；
- 社會工作人員應知道可以轉介哪些專業的諮商資源（例如債務諮商、婚姻諮商）給案主；
- 社會工作人員知道應該提供給尋求諮商的案主哪些資訊，以協助案主避免遭受操縱或剝削。

CCETSW、BAC 和 BASW 針對道德問題所做之聲明，已致力於爲社會工作與諮商的實務倫理建立一個參考架構，接著，相關組織與個人應負起實務合乎這些道德準則的責任，並且謹慎地檢視衝突性的問題。

社會工作也必須以完善的程序爲基礎並以良好的人際技巧來促進

社會工作的歷程是指社工人員如何執行其任務，這可以定義成「案主和工作人員之間的各種互動」，涉及「評鑑、介

入、與評價的循環，其中包括確認目標、運用方法與動員資源」（Seden *et al.* 1996）。

　　從過去的法律草創時期到現在，這些程序是社會工作中一個基本而持續的特性，而且在實務上也顯而易見。社區照護工作涉及必要的評鑑，接著規劃整套的照護，然後評價或進一步評鑑或結案。兒童與家庭的工作人員評鑑孩子的需求，並藉由提供服務或採取其他行動而介入，以及進行評價。刑事判決的工作人員也以類似的工作循環來蒐集情報、作成報告、執行計畫，以降低犯罪行為或評價工作結果。大多數的志工機構會評鑑案主是否需要接受服務，並據此傳遞服務，最後則評價。這些社會工作活動的循環在複雜的法律、組織、道德與資源中進行。如何完成這些工作，不僅和結構性的議題有關，也和個人的技巧與資源之豐富性有關。

　　這就是為什麼行政人員、志工或足智多謀但未受過訓練的人，仍然不足以從事社會工作。專業的社會工作可以代替帶有較多侵犯性的控制介入（例如監禁），並且仰賴那些善於以人性化方式來安排人力與資源的人，以執行有效且符合道義的程序。以人際技巧為基礎的社會工作歷程對社會有高度的潛在價值與功能，它可以處理社會制度中有關權利遭受剝奪、偏差、不公正、濫用及功能不彰等問題。這個處於大眾與政府之間的中間人角色具有重要性，需要高度良好的程序品質方得以發揮效果。如果服務使用者喪失對專業人員的信心，認為他們不能採取以個人為中心的方式處理個人需要與

國家之間的關係，社會工作將會受到邊緣化。正如 Statham
（1996）所說，「重新強調人類互動歷程的重要性，將使社會
工作程序得到重生」。她繼續說道：

> 管理者漸漸地體會到歷程和風格對於達成改變的重要
> 性。同樣地，服務使用者、照護者及其所屬組織認為，
> 工作人員的風格、關係、及工作人員是否能夠投注心
> 力，應予以重視。

社會工作也須處理有關生活變遷或危機等問題，這意味著社工人員必須扮演支援性的諮商角色

　　一個人可能在生命的任何一個時點上遭逢困境或危機，
因此，社工人員會發現自己可能介入了別人生命週期中的任
何一個階段。嬰孩可能面臨遭到遺棄或虐待的問題；父母可
能因為孩子的殘障或疾病，而需要支援或服務；成長中的兒
童和他們的家庭可能因為照護及教育方面的需求或行為，而
需要社工人員的介入；青少年在與父母或社會產生衝突時或
在社會化歷程中受挫時，可能需要與社工人員接觸；年輕人、
中年人、老年人可能因為養育工作、犯罪、殘障、喪親、疾
病、就業權利、國籍、補助津貼等問題而與社工人員進行接
觸。雖然本書的重點在於檢視諮商技巧如何促進一般性的社
會工作，但是很多時候我們也必須考慮，社工人員是否需要

更進階的諮商技巧才能妥適地扮演社工角色，例如涉及傷害、領養、酗酒、喪親、殘障、毒品、HIV 與 AIDS、犯罪、父母養育工作等方面的問題。

生命週期的研究文獻和社工人員、諮商員都有關聯，這些文獻可以提供有研究基礎的知識庫，使我們了解哪些行為或反應係在正常範圍內，哪些因素可以幫助人們在自己的信念、社群、及文化裡，能以更有創意、更令人滿意的方式來安排自己的生活。社工人員很少從事長期性的個人治療工作，但是通常會在家庭或個人遭遇困難的初期提供援助。社工人員需具備充分而良好的諮商技巧，才能對關鍵性的初期做出正確的處置。

工作人員的日常工作顯示
諮商技巧的實用性

第一章曾提到一個針對在各種社會工作情境中，其例行活動需用到諮商技巧的社工人員之調查，其中在問卷的最後還請受訪的工作人員提出任何相關建議。其中有一名受訪者說，諮商課程中所習得的技巧，與繁重的兒童保護工作息息相關。另一個兒童保護工作人員則提到諮商可以推動社工訓練的發展。還有一名工作人員寫到某項重要面向時說：「我強烈地感覺到，關係的建立是運用諮商技巧的結果，這些技巧使得整個程序可以往前推進，儘管我也必須在機構的監督下為兒童服務。」

　　曾經在地方政府的田野工作團隊中負責成人服務的工作人員說，她所學到的所有諮商技巧幾乎都派得上用場。基本技巧可以用來促進任務，而進階的技巧也很有幫助，例如包容焦慮、處理移情或反移情（counter-transference）、連結經驗、詮釋與理解行為等。有一名成人服務的工作人員說，諮商技巧有助於扮演團隊中的支援性角色；另外一名工作人員則說：「使用與脈絡有關的技巧及與解決問題、設定目標有關的技巧，都與社會工作切身相關。」最後，一位經驗豐富的工作人員寫道：

> 從社區照護法案實施以來，成人的社會工作內容就被視為評鑑與擬定照護計畫。根據我的經驗，在進行評鑑之前，必須先處理好關係；工作人員需要運用各種諮商技巧來推動評鑑的工作。

　　這些實務人員清楚地說出諮商技巧對於社會工作的助益，以及能兼顧機構的主要目標與社工的價值觀。

有效實務的相關研究支持這些看法

　　在英國，蓬勃發展的立法使社會工作的介入行動出現新焦點（1989 年兒童法案、1990 年社區照護和全國健康服務法案、1991 年刑事判決法案），許多研究開始評鑑社工機構傳遞服務時所依循的法律。儘管諮商技巧並非這些研究的焦點，

但是卻一再地提及諮商技巧與個人支援對於介入工作所發揮的效果，其中有三項研究簡要地探討了地方政府執行這些新法律的狀況。

Hardiker 和 Barker（1996）檢視了一個大郡與城市的社會服務、社區照護與全國健康服務法案之執行情況。他們有系統地訪談機構主管、照護者、提供者與使用者對於廿四個以需求為導向之案例評鑑與照護管理。使用者團體包括老年人、殘障者、學習障礙者與心智健康轉介者。主要的結果顯示了社工人員如何以既有的價值觀、知識與技巧面對快速的機構變化與發展，以符合新法案的要求。

研究者檢視受訪者所選擇的工作方式後發現，他們高度重視「諮商／社會福利工作」的方法。報告的內容顯示，諮商技巧有助於案件的管理與評鑑。以典型的案例來說，社工人員提供的諮商包括：

- 傾聽與促使案主投注於計畫的建構；
- 幫助案主處理跟求職與面試有關的焦慮和壓力；
- 幫助案主重新組構對自我表現的負面看法；
- 幫助案主和父母建立實際的關係。

案主參與了計畫中的每個部分，他的父母對於工作人員所付出的關懷有深刻的印象，對於結果也非常滿意。

（Hardiker and Barker 1996: 34）

有關這廿四個案例，研究者認為「社會照護的規劃、社會福利工作、及諮商是符合需求與管理案主轉型的核心做法」，而且：

> 很多案主有長期性的需求，他們往往有嚴重的障礙，並且可能持續惡化。有些人可能備受孤立，過著狹隘而侷限的生活。在很多案例中，他們的生活正面臨轉捩點……有時候他們的支援網絡與互動可能會陷入危機。
>
> 這些因素會造成高度壓力，不管是案主或照護者。有些人非常沮喪，需要有機會表達自己的懊悔以及對未來的恐懼。　　（Hardiker and Barker 1996: 23, 24）

Hardiker 和 Barker（1994）對 1989 年兒童法案的執行狀況也從事類似的研究，深入檢視十二個標的家庭樣本（purposive sample），這些家庭都已經符合了重大傷害的認定。這個研究顯示諮商技巧仍然是介入、擬定兒童保護與家庭支援等決策時的關鍵方法。

Aldgate 和同僚研究託管照護對兒童的貢獻。他們檢討了幾個地方政府為家庭所提供的服務有何結果，以便成為各種人口與地域的代表。該研究的主要目的是檢視託管照護服務的使用狀況與效果。此一報告考量了特定的兒童及其家庭對家庭支援服務的運用，並且指出服務中有哪些成分能導致成

功的結果。該研究顯示，百分之六十的託管照護服務案例是
成功的，並且量化了那些有助於推動社工程序的方式。為家
庭帶來成功結果的因素之一是，將諮商技巧運用到社會福利
工作的介入中。研究者提到社會工作之支援的重要性：

> 這個研究突顯了為家庭提供支援的社工人員之角色的
> 複雜性，他們是完整個案的管理者，將社會照護計畫
> 與社會福利工作加以整合。社工人員不僅擬定服務，
> 同時也直接和父母共事，找出問題並且一同尋求對策
> 以解決問題。照護者也適時地被納入這些策略中，例
> 如建議父母改善他們教養小孩的技巧，或讓孩子發現
> 自己的獨特性。在整個安置的歷程中，支援家庭的社
> 工人員以書信或電話的方式和父母保持聯繫，以督促
> 安置工作的進行。簡言之，他們專注於古典（classic）
> 的社會工作中，進行類似社會福利工作的評鑑與介入，
> 結果顯示，案主重視與使用這種專業關係，並獲得良
> 好的結果。　　　　　（Aldgate and Bradley 1999: 206）

　　從這項研究也可以清楚地看出，工作人員的諮商技巧可
用以促進介入的典型歷程，正面地處理轉型與終止接觸。必
要的時候，訪談父母、照護者與兒童的技巧也可以在歷程中
派上用場。此外，技巧的運用對於促進社群網絡擁抱未來也
很重要。

這項研究的重要發現是：如何改善社會孤立的狀況。
首先，讓父母有能力與延伸家庭建立關聯；其次，藉
由照護者將這些關聯發展至社群中。此一研究中的社
會工作介入，對於家庭與兒童已產生正面的影響。

(Aldgate and Bradley 1999: 206)

結論

這項近期的研究、使用者與照護者的心聲、社工教育者
的證詞、目前有關社會納入（social inclusion）的政治議題、
以及本書所提出的案例，在在反映與確認了個人技巧的運用，
在社會工作的歷程中可以促進、維繫人際間的接觸。暫時或
較長期處於弱勢狀況的人們，在生活遭遇困難時尋求協助，
通常有機會進行這一類接觸。當有人試圖伸出援手卻愛莫能
助時，經常會要求社工人員介入。因此，社會信賴社工人員，
並且將複雜的任務託付給他們，而任務的成功必須仰賴完善
的個人技巧。社會工作的範圍與深度意味著，如果可以在目
前的法律授權下，運用更進階的諮商與溝通技巧，以促進典
型的社會工作評鑑與評價，將能大幅提升社會照護的實務能
力。

附錄　社會工作的賦權技巧

權力的行使對象	社工活動─管道	社工活動─支援	活動所需要的社工技巧
1.資源 如：收入、住所、支援服務、運輸	藉由與決策者接觸的管道，對現在與未來的服務產生影響。允許擁護者代表案主行動。	發展主題─協助使用者將個人問題與社會問題加以連結，例如貧困的住所（社會問題）與家庭功能（個人問題）。	傾聽 同理心 支持
2.關係 和提供服務之專業人員的關係	提供案主對其所使用之服務的選擇權利。提供案主針對服務進行申訴的方法與支援。	評鑑自我形象─協助使用者重拾對自己的信心與尊重。界定與選擇問題─幫助使用者界定自己的問題，並且避免由專業人員為他們定義問題。	同理心 關懷 輔導 協商 支持
3.資訊 提供關於服務及其標準的資訊	提供案主服務方面的資訊。訂定服務的標準。讓案主有適當的期望。	了解政策─協助使用者了解既有的服務與資源，並且將此作為教育歷程與政治歷程的一部分。	同理心 尊重、輔導 反歷迫 實務 提倡

4.決策制定的方式，決策者，決策情境	讓案主有決策的參與權。藉由與決策者接觸的管道，對現在與未來的服務產生影響。	發展與使用選擇—協助使用者認清可能的選擇。	使用者在協商中涉入
		與別人一同體驗—集合使用者一同分享，發展他們的信心、信賴與團結意識。	同理心與關懷
		學習並運用語言—協助使用者發展語言，使其能夠將某固權力脈絡與另一個權力脈絡連結。	提倡
		抗拒回到無力感（powerlessness）的狀態—協助使用者不要再度回到無力感的狀態（如再度陷入家庭暴力的情境）。	輔導 反壓迫實務
		發展互動與政治技巧—幫助當事人透過行動與反省行動來學習，以達到特定的目標。	協商與撫慰
		評價—幫助使用者檢視權的目標，必要時也重新訂定目標及達成目標的策略。	支持與傾聽

資料來源：Neville 1996

參考書目

Abbott, A. (1995) Boundaries of social work or social work boundaries?, *Social Services Review*, December, 546-62.

Aldgate, J. and Bradley, M. (1999) *Supporting Families through Short Term Fostering*. London: HMSO.

Allen-Meares, P. and Lane, B. A. (1987) Grounding social work practice in theory: ecosystems, *Social Casework: the Journal of Contemporary Social Work*, November, 515-21.

Bamford, D. and Dickson, D. (1995) Improving the interpersonal skills of social work students: the problem of transfer of training and what to do about it, *British Journal of Social Work*, 25, 85-105.

Barnes, R. (1990) The fall and rise of casework, *Community Care*, 12 July, 822.

Bateman, N. (1995) *Advocacy Skills*. Aldershot: Arena.

Beardshaw, V. (1991) *Implementing Assessment and Care Management*. London: Kings Fund College Paper.

Berne, E. (1961) Transactional Analysis in Psychotherapy. New York: Grove Press.

Biestek, F. P. (1961) *The Casework Relationship*. London: George Alien and Unwin.

Bird, G. (1997) Letter, *Community Care*, 25 September.

Bowlby, J. (1988) *A Secure Base: Clinical Applications of Attachment Theory*. London: Routledge.

Bradshaw, J. (1972) The concept of need, *New Society*, 30 March, 640-3.

Brand, J. (1997) Letter, *Independent*, 19 April.

Brandon, D. (ed.) (1989) *Mutual Respect*. Surbiton: Hexagon Publishing.

Braye, S. and Preston-Shoot, M. (1995) *Empowering Practice in Social Care*. Buckingham: Open University Press.

Breakwell, G. (1990) *Interviewing*. London: Routledge.

Brearley, J. (1991) *Counselling and Social Work*. Buckingham: Open University Press.

British Association for Counselling (1984) *Code of Ethics and Practice for Counsellors*. Rugby: British Association for Counselling.

Browne, M. (1996) Needs assessment and community care, in J. Percy-Smith (ed.) *Needs Assessment in Public Policy*. Buckingham: Open University Press.

Caplan, C. (1964) *Principles of Preventative Psychiatry*. New York: Basic Books.

Carroll, M. and Walton, M. (eds) (1997) *Handbook of Counselling in Organizations*. London: Sage.

Cartwright, S. and Cooper, G. L. (1997) *Managing Workplace Stress*. London: Sage.

CCETSW (1995) *Rules and Requirements for the Diploma in Social Work* (Revised), London: CCETSW.

Cleaver, H., Wattam, C. and Cawson, C. (1998) *Assessing Risk in Child Protection*. London: NSPCC.

Cochrane, D. (1990) Power, probation and empowerment, *Probation Journal* 36(4) May: 177-82.

Compton, B. R. and Galaway, B. (1989) *Social Work Processes*. Pacific Grove, CA: Brookes Cole.

Corby, B. (1996) Risk assessment in child protection, in H. Kemshall and J. Pritchard (eds) *Good Practice in Risk Assessment and Risk Management*. London: Jessica Kingsley.

Corey, G. (1997) *Theory and Practice of Counselling and Psychotherapy*.

Pacific Grove, CA: Brookes Cole.

Cornwall, N. (1980) Who directs the power in talking with clients?, *Social Work Today*, 28 September, 17-18.

Coulshed, V. (1991) *Social Work Practice: an Introduction*. London: Macmillan.

Curnock, K. and Hardiker, P. (1979) *Towards Practice Theory: Skills and Methods in Social Assessments*. London: Routledge and Kegan Paul.

Dalgleish, L. I. (1997) Risk assessment approaches: the good, the bad and the ugly, Paper presented to the Sixth Australasian Conference on Child Abuse and Neglect, 20-24 October, Adelaide, South Australia.

Dalgleish, L. (in press) *Risks and Decisions in Child Protection*. Chichester: Wiley.

Dalgleish, L. I. and Drew, E. C. (1989) The relationship of child abuse indicators to the assessment of perceived risk and to the court's decision to separate, *Child Abuse and Neglect*, 13, 491-506.

Davies, D. and Neal, C. (1996) *Pink Therapy*. Buckingham: Open University Press.

Davies, M. (1985) *The Essential Social Worker*. Aldershot: Arena.

Deakin, N. (1996) Contracting and accountability: the British experience, in H. J. Schulze and W. Wirth (eds) *Who Cares? Social Service Organizations and Their Users*. London: Cassell.

Department of Health (1991a) *Assessment Systems and Community Care*. London: HMSO.

Department of Health (1991b) *Care Management and Assessment: Practitioners Guide*. London: HMSO.

Department of Health (1996) *The Obligations of Care*. London: HMSO.

Department of Health (1999) *Working Together to Safeguard Children: New Government Proposals for Inter-agency Go-operation*. London: HMSO.

Department of Health (2000) *Framework for the Assessment of Children in Need and their Families*. London: The Stationery Office.

de Shazer, S. (1985) *Keys to Solution in Brief Therapy*. New York: Norton.

de Shazer, S. (1988) *Investigating Solutions in Brief Therapy*. New York. Norton.

Dickson, D. and Bamford, D. (1995) Improving the inter-personal skills of social work students: the problems of transfer of training and what to do about it, *British Journal of Social Work*, 25, 85-105.

Doel, M. and Marsh, P. (1992) *Task-centred Social Work*. Aldershot: Arena.

Dominelli, L. (1996) Address, NOPT Conference, University of Leicester, 11-13 September

Doueck, H. J., Bronson, D. B. and Levine, M. (1992) Evaluating risk assessment implementation in child protection: issues for consideration, *Child Abuse and Neglect*, 16, 637-46.

Dougan, T. (1996) Counselling can add to the benefits of experience (letter), *Community Care*, 18 January, 12.

Dowie, J. and Elstein, A. (eds) (1988) *Professional Judgement: a Reader in Clinical Judgement Making*. Cambridge: Cambridge University Press.

Doyal, L. and Cough, I. (1991) *A Theory of Human Need*. London: Macmillan.

Eaten, L. (1998) How long have we got?, *Community Care*, 4 June, 18.

Egan, G. (1990) *The Skilled Helper*. Pacific Grove, CA: Brooks Cole.

England, H. (1997) 'Where have all the people gone?' National Organization for Practice Teaching (NOPT) Conference, Manchester University, 9-11 July.

English, D. and Pecora, P. (1994) Risk assessment as a practice in child protection services, *Child Welfare*, 53, 451-73.

Erikson, E. (1965) *Childhood and Society*. Harmondsworth: Penguin.

Fairbairn, W. R. D. (1952) *Psychoanalytic Studies of the Personality*. London: Routledge and Kegan Paul.

Franklin, C. and Jordan, C. (1995) Qualitative assessment: a methodological review, *Families in Society*, May, 281-95.

Gandhi, P. (1996) When I'm sixty four: listening to what elderly people from ethnic minorities need, *Professional Social Work*, February, 12-13.

Garbarino, J. (1982) *Children and Families in the Social Environment.* New York: Aldine.

Gaudin, J. M., Shilton, P., Kilpatrick, A. C. and Polansky, N. A. (1996) Family functioning in neglectful families, *Child Abuse and Neglect,* 20(4), 363-77.

Golan, N. (1981) *Passing through Transitions.* London: Collier-Macmillan.

Gordon, J. (1995) Counselling, who needs it?, *You,* 22 October, 23-7.

Haines, J. (1975) *Skills and Methods in Social Work.* London: Constable.

Handy, C. (1993) *Understanding Organisations.* Harmondsworth: Penguin.

Hardiker, P. and Barker, M. (1988) A window on childcare, poverty and social work, in S. Becker and S. McPherson (eds) *Public Issues, Private Pain: Poverty, Social Work and Social Policy.* London: Insight.

Hardiker, P. and Barker, M. (1991) Towards social theory for social work, in J. Lishman (ed.) *Handbook of Theory for Practice Teachers in Social Work.* London: Jessica Kingsley.

Hardiker, P. and Barker, M. (1994) *The 1989 Children Act - Significant Harm. The Experience of Social Workers Implementing New Legislation.* Leicester: University of Leicester School of Social Work.

Hardiker, P. and Barker, M. (1996) *The NHS and Community Care Act 1990: Needs-led Assessments and Packages of Care.* Leicester: University of Leicester School of Social Work.

Hasenfield, Y. (1983) *Human Services Organizations. Englewood Cliffs,* NJ: Prentice Hall.

Hawkins, M. and Shohet, P. (1989) *Supervision in the Helping Professions.* Buckingham: Open University Press.

Heron, J. (1997) *Helping the Client.* London: Sage.

Hill, M. and Meadows, J. (1990) The place of counselling in social work, *Practice,* 4(3), 156-72.

Hollis, F. (1964) *Casework: a Psycho-social Therapy.* New York: Random House.

Home Office (1997) *Management and Assessment of Risk in the Probation Service*. London: HMSO.

Home Office (1998) *Report of the What Works Project Strategies for Effective Offender Supervision*. London: Home Office Publications.

hooks, b. (1991) *Yearning: Race, Gender, and Cultural Politics*. New York: Turnaround Books.

Howe, D. (1987) *An Introduction to Social Work Theory*. Aldershot: Wildwood House.

Hudson, B. L. (1991) Behavioural social work, in J. Lishman (ed.) *Handbook of Theory for Practice Teachers in Social Work*. London. Jessica Kingsley

Hudson, B. L. and MacDonald, G. M. (1986) *Behavioural Social Work: an Introduction*. London: Routledge.

Hugman, B. (1977) *Act Natural*. London: Bedford Square Press.

Humphries, B. (ed.) (1996) *Critical Perspectives on Empowerment*. London: Ventura.

Inskipp, F. (1986) *Counselling: the Trainer's Handbook*. Cambridge: National Extension College.

Jacobs, M. (1982) *Still Small Voice*. London: SPCK.

Jacobs, M. (1985) *Swift to Hear*. London: SPCK.

Jacobs, M. (ed.) (1995a) *Charlie: an Unwanted Child?* Buckingham: Open University Press.

Jacobs, M. (ed.) (1995b) *Jitendra: Lost Connections*. Buckingham: Open University Press.

Jacobs, M. (1996) *The Care Guide*. London: Cassell.

Jacobs, M. (1998) *The Presenting Past*. Buckingham: Open University Press.

Kadushin, A. (1997) *Supervision in Social Work*. New York: Columbia University Press.

Keith-Lucas, A. (1972) *Giving and Taking Help*. Chapel Hill: University of North Carolina Press.

Kemshall, H. and Pritchard, J. (1996) *Good Practice in Risk Assessment and*

Risk Management. London: Jessica Kingsley.

Lago, C. and Thompson, J. (1996) *Race, Culture and Counselling*. Buckingham: Open University Press.

Laird, J. (1995) Family centred practice in the postmodern era, *Families in Society*, Match, 150-62.

Lhullier, J. M. and Martin, C. (1994) Social work at the turn of the century, *Social Policy and Administration*, 28(1), 359-69.

Lindsey, D. (1994) *The Welfare of Children*. Oxford: Oxford University Press.

Lipsky, M. (1980) *Street Level Bureaucracy*. New York: Sage.

Lishman, J. (1991) *Handbook of Theory for Practice Teachers in Social Work*. London: Jessica Kingsley.

Lloyd, M. and Taylor, C. (1995) From Hollis to the orange book, *British Journal of Social Work*, 25(6), 691-707.

Lyons, P., Wodarski, J. S. and Doueck, H. J. (1996) Risk assessment for child protective services: a review of the empirical literature on instrument performance, *Social Work Research*, 20(3), 143-55.

McGuire, J. (ed.) (1995) *What Works: Reducing offending. Guidelines from Research and Practice*. Chichester: Wiley.

Maluccio, A. (ed.) (1981) *Promoting Competence in Clients: a New/Old Approach to Social Work Practice*. New York: The Free Press.

Mandell, B. (1973) The equality revolution and supervision, *Journal of Education for Social Work*, 9, 43-54.

Marsh, P. and Triseliotis, J. (1996a) Abstract of *Ready to Practise? Social Workers and Probation Officers: Their Training and First Year in Work*. London: HMSO and Scottish Office.

Marsh, P. and Triseliotis, J. (1996b) *Ready to Practise? Social Workers and Probation Officers: Their Training and First Year in Work*. Aldershot: Avebury.

Mayer, J. E. and Timms, N. (1970) *The Client Speaks*. London: Routledge and Kegan Paul.

Mearns, D. and Thorne, B. (1988) *Person Centred Counselling in Action.* London: Sage.

Meyer, C. H. (1993) *Assessment in Social Work.* New York: Columbia University Press.

Millar, W. R. and Rollnick, S. (1991) *Motivational Interviewing.* London: Guildford Press.

Moore, W. (1997) Speak to me before it's too late, *Health Service Journal*, 2 January, 20-2.

Morrison, T. (1993) *Staff Supervision in Social Care: An Action Learning Approach.* Harlow: Longman.

Murphy, M. (1993) *Working Together in Child Protection: an Exploration of the Multi-disciplinary Task and System.* Ashgate: Arena.

Murphy Berman, P. (1994) A conceptual framework for thinking about risk assessment and case management in child protective services, *Child Abuse and Neglect*, 8(2), 193-201.

Nelson-Jones, R. (1981) *Practical Counselling and Helping Skills.* London: Cassell.

Neville, D. (1996) Empowerment: Learning and Teaching in Practice. Unpublished PhD thesis, University of Leicester.

North, S. J. (1996) Stress, *Community Care*, 30 October, 20-1.

Nucho, A. O. (1988) *Stress Management.* Springfield, IL: Thomas.

O'Hagan, K. P. (1986) *Crisis Intervention in Social Services.* London: Macmillan.

Payne, M. (1992) *Modern Social Work Theory: a Critical Introduction.* London: Macmillan.

Pearson, G., Treseder, J. and Yelloly, M. (1988) *Social Work and the Legacy of Freud.* London: Macmillan.

Percy-Smith, J. (ed.) (1996) *Needs Assessments in Public Policy.* Buckingham: Open University Press.

Perlman, H. H. (1957) *Social Casework.* Chicago, IL: University of Chicago

Press.

Pincus, A. and Minahan, A. (1973) *Social Work Practice: Model and Method.* Itasca, IL: Peacock.

Pittman, F. S. (1966) Techniques of family crisis therapy, in J. Masserman (ed.) *Current Psychiatric Therapies.* New York: Grune and Stratton.

Powell, J. and Goddard, A. (1996) Cost and stakeholder views: a combined approach to evaluating services, *British Journal of Social Work,* 26, 93-108.

Prins, H. (1995) Seven sins of omission, *Probation Journal,* 42(4), 199-201.

Pritchard, J. (ed.) (1995) *Good Practice in Supervision.* London: Jessica Kingsley.

Rapp, C. A. (1996) The Strengths Model: Case Management with People Suffering from Severe and Persistent Mental Illness. Unpublished manuscript, University of Kansas.

Reder, P., Duncan, S. and Gray, M. (1993) *Beyond Blame: Child Abuse Tragedies Revisited.* London: Routledge.

Reid, W. J. (1963) An experimental study of methods used in casework treatment, PhD Dissertation, Columbia University, New York.

Reid, W. J. and Epstein, L. (1972) *Task-centred Casework.* New York: Columbia University Press.

Reid, W. J. and Epstein, L. (1976) *Task-centred Practice.* New York: Columbia University Press.

Reid, W. J. and Shyne, A. W. (1969) *Brief and Extended Casework.* New York: Columbia University Press.

Richards, M., Payne, C. and Shepperd, A. (1990) *Staff Supervision in Child Protection Work.* London: NISWE.

Richmond, M. E. (1922) *Social Diagnosis.* New York: Russell Sage Foundation.

Roberts, A. P. (1995) *Crisis Intervention and Time Limited Cognitive Treatment.* London: Sage.

Roberts, R. W. and Nee, R. H. (1970) *Theories of Social Casework.* London: University of Chicago Press.

Rogers, C. R. (1961) *On Becoming a Person*. Boston: Houghton Mifflin.

Rosenstein, P. (1995) Parental levels of empathy as related to risk assessment in child protective services, *Child Abuse and Neglect*, 19(11), 1349-60.

Rutter, M. (1985) Resilience in the face of adversity: protective factors and resilience to psychiatric disorder, *British Journal of Psychiatry*, 147, 163-82.

Rutter, M., Taylor, E. and Hersov, L. (1994) *Child and Adolescent Psychiatry: Modern Approaches*, 3rd edn. Oxford: Blackwell.

Ryan, M., Foot, J. and Hawkins, L. (1995) From beginners to graduate social worker: preliminary findings of an Australian longitudinal study, *British Journal of Social Work*, 25, 17-35.

Ryle, A. (1995) Cognitive analytic therapy, in M. Jacobs (ed.) *Charlie: an Unwanted Child?* Buckingham: Open University Press.

Saleeby, D. (1997) *The Strengths Perspective in Social Work Practice*. New York: Longman.

Schaffer, R. H. (1990) *Making Decisions about Children: Psychological Questions and Answers*. Oxford: Blackwell.

Schon, D. (1983) *The Reflective Practitioner*. New York: Basic Books.

Scott, D. and O'Neill, D. (1996) *Beyond Child Rescue: Developing Family Centred Practice at St Lukes*. St Leonards: Alien and Unwin.

Scrutton, S. (1989) *Counselling Older People*. London: Arnold.

Seden, J., Hardiker, P. and Barker, M. (1996) Child protection revisited: balancing state intervention and family autonomy through social work processes, *Child and Family Social Work*, 1(1), 3-12.

Seligman, M. E. P. (1975) *Helplessness: On Depression Development and Death*. San Francisco: W. H. Freeman.

Sheldon, B. (1982) *Behaviour Modification: Theory, Practice and Philosophy*. London: Tavistock.

Sinclair, R., Garnett, L. and Berridge, D. (1995) *Social Work and Assessment with Adolescents*. London: National Children's Bureau.

Siporin, M. (1975) *Introduction to Social Work Practice*. New York: Macmillan.

Smith, M. (1991) *Analysing Organisational Behaviour*. London: Macmillan.

Smith, S. and Norton, K. (1999) *Counselling Skills for Doctors*. Buckingham: Open University Press.

Solomon, B. (1976) *Black Empowerment: Social Work in Oppressed Communities*. New York: Colombia University Press.

Sone, K. (1996) Professional roles, *Community Care*, 21-27 November, 19.

Specht, H. and Vickery, A. (1977) *Integrating Social Work Methods*. London: George Alien and Unwin.

Statham, D. (1996) Address, NOPT Conference, Leicester University, 11-13 September.

Taylor, B. and Devine, T. (1993) *Assessing Needs and Planning Care*. Aldershot: Arena.

Taylor-Gooby, P. and Lawson, R. (eds) (1993) *Markets and Managers: New Issues in the Delivery of Welfare*. Buckingham: Open University Press.

Thompson, N. (1995) *Aging with Dignity*. Ashgate: Arena.

Townsend, J. (1987) *The Interviewers Pocket Book*. Alresford: Management Pocket Books.

Trowell, J. and Bower, M. (1996) *The Emotional Needs of Young Children and Their Families*. London: Routledge.

Truax, C. B. and Carkhuff, R. R. (1967) *Towards Effective Counselling and Psychotherapy*. Chicago: Aldine.

Wald, M. and Woolverton, M. (1990) Risk assessment: the emperor's new clothes?, *Child Welfare*, 69, 483-8.

Walsh, J. A. (1987) Burnout and values in the social service profession, *Social Casework: The Journal of Contemporary Social Work*, May, 279-82.

West Social Worker (1996) After West, *Social Work*, January, 10.

Whalley, M. (1994) *Learning to Be Strong: Setting up a Neighbourhood Service for Under Fives and Their Families*. Sevenoaks: Hodder and Stoughton.

White, M. and Epston, D. (1989) *Narrative Means to Therapeutic Ends*. New York: Norton.

Williams, B. (1996) *Counselling in Criminal Justice*. Buckingham: Open University Press.

Winnicott, D. W. (1960) The theory of the parent-infant relationship, *International Journal of Psycho-analysis*, 41, 585-95.

Yelloly, M. (1980) *Social Work Theory and Psychoanalysis*. New York: Van Nostrand.

Yelloly, M. and Henkel, M. (eds) (1995) *Learning and Teaching in Social Work: towards Reflective Practice*. London: Jessica Kingsley.

社工實務的諮商技巧

主　　編／佘伯泉博士・洪莉竹博士
作　　著／Janet Seden
譯　　者／戴靖蕙
校　　閱／李茂興
執行編輯／徐偉傑
出 版 者／弘智文化事業有限公司
登 記 證／局版台業字第 6263 號
郵政劃撥／19467647　　戶名：馮玉蘭
地　　址／台北市大同區民權西路 118 巷 15 弄 3 號 7 樓
電　　話／（02）2557-5685・0932321711・0921121621
傳　　真／（02）2557-5383
發 行 人／邱一文
書店經銷／旭昇圖書有限公司
地　　址／台北縣中和市中山路 2 段 352 號 2 樓
電　　話／（02）22451480
傳　　真／（02）22451479
製　　版／信利印製有限公司
版　　次／2002 年 06 月初版
定　　價／200 元
弘智文化出版品進一步資訊歡迎至網站瀏覽：
http://www.honz-book.com.tw

ISBN 957-0453-62-1
本書如有破損、缺頁、裝訂錯誤，請寄回更換！

國家圖書館出版品預行編目資料

社工實務的諮商技巧 / Janet Seden 著；戴靖惠譯.
　--初版. --台北市：弘智文化；2002〔民 91〕
　冊：　公分（心理學諮商叢書）
　參考書目：面；含索引
　譯自：Counselling skills in social work practice
　ISBN　957-0453-62-1（平裝）

1. 社會工作　　2. 諮商

547　　　　　　　　　　　　　　　　910009654

弘智文化價目表

弘智文化出版品進一步資訊歡迎至網站瀏覽：honz-book.com.tw

書　名	定　價	書　名	定　價
社會心理學（第三版）	700	生涯規劃：掙脫人生的三大桎梏	250
教學心理學	600	心靈塑身	200
生涯諮商理論與實務	658	享受退休	150
健康心理學	500	婚姻的轉捩點	150
金錢心理學	500	協助過動兒	150
平衡演出	500	經營第二春	120
追求未來與過去	550	積極人生十撇步	120
夢想的殿堂	400	賭徒的救生圈	150
心理學：適應環境的心靈	700		
兒童發展	出版中	生產與作業管理（精簡版）	600
為孩子做正確的決定	300	生產與作業管理（上）	500
認知心理學	出版中	生產與作業管理（下）	600
照護心理學	390	管理概論：全面品質管理取向	650
老化與心理健康	390	組織行為管理學	800
身體意象	250	國際財務管理	650
人際關係	250	新金融工具	出版中
照護年老的雙親	200	新白領階級	350
諮商概論	600	如何創造影響力	350
兒童遊戲治療法	500	財務管理	出版中
認知治療法概論	500	財務資產評價的數量方法一百問	290
家族治療法概論	出版中	策略管理	390
婚姻治療法	350	策略管理個案集	390
教師的諮商技巧	200	服務管理	400
醫師的諮商技巧	出版中	全球化與企業實務	900
社工實務的諮商技巧	200	國際管理	700
安寧照護的諮商技巧	200	策略性人力資源管理	出版中
		人力資源策略	390

弘智文化出版品進一步資訊歡迎至網站瀏覽：honz-book.com.tw

書　名	定價		書　名	定價
管理品質與人力資源	290		社會學：全球性的觀點	650
行動學習法	350		紀登斯的社會學	出版中
全球的金融市場	500		全球化	300
公司治理	350		五種身體	250
人因工程的應用	出版中		認識迪士尼	320
策略性行銷（行銷策略）	400		社會的麥當勞化	350
行銷管理全球觀	600		網際網路與社會	320
服務業的行銷與管理	650		立法者與詮釋者	290
餐旅服務業與觀光行銷	690		國際企業與社會	250
餐飲服務	590		恐怖主義文化	300
旅遊與觀光概論	600		文化人類學	650
休閒與遊憩概論	600		文化基因論	出版中
不確定情況下的決策	390		社會人類學	390
資料分析、迴歸、與預測	350		血拼經驗	350
確定情況下的下決策	390		消費文化與現代性	350
風險管理	400		肥皂劇	350
專案管理師	350		全球化與反全球化	250
顧客調查的觀念與技術	450		身體權力學	320
品質的最新思潮	450			
全球化物流管理	出版中		教育哲學	400
製造策略	出版中		特殊兒童教學法	300
國際通用的行銷量表	出版中		如何拿博士學位	220
組織行為管理學	800		如何寫評論文章	250
許長田著「行銷超限戰」	300		實務社群	出版中
許長田著「企業應變力」	300		現實主義與國際關係	300
許長田著「不做總統，就做廣告企劃」	300		人權與國際關係	300
許長田著「全民拼經濟」	450		國家與國際關係	300
許長田著「國際行銷」	580			
許長田著「策略行銷管理」	680		統計學	400

弘智文化出版品進一步資訊歡迎至網站瀏覽：honz-book.com.tw

書　名	定　價		書　名	定　價
類別與受限依變項的迴歸統計模式	400		政策研究方法論	200
機率的樂趣	300		焦點團體	250
			個案研究	300
策略的賽局	550		醫療保健研究法	250
計量經濟學	出版中		解釋性互動論	250
經濟學的伊索寓言	出版中		事件史分析	250
			次級資料研究法	220
電路學（上）	400		企業研究法	出版中
新興的資訊科技	450		抽樣實務	出版中
電路學（下）	350		十年健保回顧	250
電腦網路與網際網路	290			
應用性社會研究的倫理與價值	220		書僮文化價目表	
社會研究的後設分析程序	250			
量表的發展	200		台灣五十年來的五十本好書	220
改進調查問題：設計與評估	300		２００２年好書推薦	250
標準化的調查訪問	220		書海拾貝	220
研究文獻之回顧與整合	250		替你讀經典：社會人文篇	250
參與觀察法	200		替你讀經典：讀書心得與寫作範例篇	230
調查研究方法	250			
電話調查方法	320		生命魔法書	220
郵寄問卷調查	250		賽加的魔幻世界	250
生產力之衡量	200			
民族誌學	250			